예루살렘과 아테네의 대화 VI

신현용

mathesign

표지 속 두루마리에 적혀진 내용은 다음과 같습니다.

위 태초에 하나님이 천지를 창조하시니라(창세기 1장1절)
아래 다음을 공준으로 한다. 임의의 점과 다른 점을 직선으로 이을 수 있다.(유클리드 〈원론〉 공준 1)

일러두기

저자가 기독 신앙과 수학을 언급하며 여러 곳 여러 차례에 걸쳐 행한 강연을 모아 '〈예루살렘과 아테네의 대화〉 시리즈'로 출간합니다. 이 시리즈의 성격, 취지, 그리고 형식 등은 다음과 같습니다.

1. 저자는 예루살렘 전통의 핵심은 기독 신앙이고 아테네 전통의 핵심은 수학이라고 생각합니다. 이 책은 기독 신앙과 수학을 제약 없이 편하게 이야기합니다.

2. 카르타고의 교부 터툴리안(Tertulian, 2-3세기)은 '아테네가 예루살렘과 무슨 상관이 있는가?'라고 냉소적으로 물은 적이 있습니다. '수학과 기독 신앙 사이에 무슨 관계가 있는가?'라는 질문입니다. 이 시리즈의 입장은 터툴리안의 생각과 기본적으로 다릅니다. 아테네 전통과 예루살렘 전통은 깊이 어우러져 있고 수학과 기독 신앙, 즉 지성과 영성은 분리될 수 없다는 생각입니다.

3. 이 시리즈의 제목은 '대화'이지만 저자 혼자서 예루살렘 전통과 아테네 전통 각각의 이야기를 모두 이야기합니다. 따라서 이 시리즈에는 저자 개인의 시각과 취향이 깊이 배어 있을 수 있습니다.

4. 이 시리즈의 한 '묶음'은 여섯 권의 책으로 이루어집니다. 각각의 책에는 두 개 강연이 있습니다. 처음 두 책 각각은 두 명의 사람을 중심으로, 다음 두 책 각각은 두 개의 수학 주제를 중심으로, 나머지 두 책 각각은 두 곳의 기독 성지(한국 소재)를 중심으로 이야기합니다. 결국, 한 '묶음'은 '수학의 사람' 네 명, '수학의 주제' 네 개, '수학의 순례' 네 곳을 이야기합니다. '〈예루살렘과 아테네의 대화〉 시리즈'는 이런 형식의 '묶음'과 강연으로 계속될 것입니다.

5. 이 시리즈에서의 순례지는 대부분 가톨릭교회의 소속입니다. 이 순례는 18세기 후반부터 약 250년에 걸친 한국의 기독 신앙 발자취 모두를 한국 교회의 한결같은 역사로 인식하므로 '가톨릭교회'와 '개신교회'를 구분하지 않습니다.

6. 이 책에는 강연에서 사용된 피피티 슬라이드가 그대로 제시됩니다. 이 책 각 면의 위에는 피피티 슬라이드가, 아래에는 강사의 설명이 있습니다. 설명이 긴 경우에는 동일한 슬라이드가 두 번 사용될 수 있습니다.

7. 모든 이야기는 실제 강연과 함께 제공됩니다. 책을 먼저 읽고 강연 동영상을 보면 효과적일 것입니다. 강연은 대략 한 시간 분량입니다. 강연은 책의 내용을 바탕으로 진행되지만, 책의 내용과 다소 다를 수 있습니다.

일부 슬라이드에는 그림 또는 한복을 입힌 초상화가 삽입되어 있습니다. 그림은 신실라 박사께서 그렸고, 초상화는 제주특별자치도교육청 김영관 장학관께서 그렸습니다.

강연 촬영은 전문가의 도움을 받지 아니하고 저자가 직접 촬영하였습니다. 화면 구성이나 조명 등에서 미숙함이 있을 것입니다. 강연 동영상은 해당 강연 자료의 앞부분에 QR-코드를 통해 제공됩니다. 이 책에 제공되는 동영상보다 더 나은 동영상을 촬영하게 되면 동일한 QR-코드로 더 나은 동영상을 제공하겠습니다.

이 시리즈에 있는 모든 오류는 저자의 책임입니다. 잘못을 발견하면 저자에게 이메일(mathesign@naver.com)을 통하여 알려주시기 바랍니다. 지적된 내용에 대해서는 검토 후 적극적으로 반영하도록 하겠습니다.

강연에 도움이 될 것으로 여겨지는 그림이나 사진 등을 인터넷을 통해 얻어 사용합니다. 이 책의 저자와 출판사는 사용된 그림이나 사진 중 일부의 저작권자를 찾지 못하였습니다. 저작권자를 찾으면 그림이나 사진의 사용 허가에 관하여 논의하겠습니다.

〈예루살렘과 아테네의 대화〉 시리즈 강연은 충청북도 청주시 흥덕구 오송읍에 소재하는 '아름다운 도서관(관장: 김종현 목사)'이 장소를 허락함으로 시작되었습니다. 강연 동영상 대부분은 그 강연을 촬영한 것입니다. 장소 제공뿐만이 아니라 촬영 등 여러모로 도움을 준 '아름다운 도서관'에 감사합니다.

2023년 8월 신현용

차례

융/건릉: 풍수 **9**

화성: 군주의 꿈 **147**

융/건릉: 풍수

1

예루살렘과 아테네의 대화

"

"

2

융/건릉: 풍수(風水)

"

"

3

융릉: 사도세자

건릉: "사도세자의 아들" 정조

"

융릉은 사도세자의 무덤이고,
건릉은 사도세자의 아들 정조의 무덤입니다.

"

4

"

융/건릉은 경기도 화성시에 있습니다.

"

5

여는 말

"

"

6

> **조선 22대 왕**
> **정조**(正祖, 1752-1800), 재위: 1776-1800
>
> 당파(時派, 僻派, 信西派, 攻西派)
> 기독 신앙
> 서양 수학: 〈원론 The Elements〉
>
> 한국 전통, 아테네 전통, 예루살렘 전통

"

조선의 22대 왕 정조 치세 기간은
극에 달한 당파 정치,
이제 막 진지하게 받아들여진 기독 신앙과 서양 수학 등으로
정치와 사회가 요동치고 있었습니다.
한국 전통이
아테네 전통 그리고 예루살렘 전통과
거칠게 부딪치고 있었던 것입니다.

"

7

1779: 천진암강학회
1785: 명례방사건, **이벽** 죽음
1787: **김범우** 죽음, 반회사건

1790: 제사금지
1791: 기해박해(**윤지충, 권상연, 권일신** 죽음)

"

큰 사건들이 일어난 것은 필연적이었습니다.
이벽, 김범우, 윤지충, 권상연, 권일신 등
참으로 귀한 사람들이 죽음으로 내몰렸습니다.

"

8

1779: 천진암강학회
1785: 명례방사건, 이벽 죽음
1787: 김범우 죽음, 반회사건

1790: 제사금지
1791: 기해박해(윤지충, 권상연, 권일신 죽음)
1794: 화성 성축 시작

1796: 화성 완공

"

이 소란한 시기에 정조는 화성을 성축하며
나라의 분위기를 새롭게 하려는 꿈을 꿨습니다.

"

9

1779: 천진암강학회
1785: 명례방사건, 이벽 죽음
1787: 김범우 죽음, 반회사건

1790: 제사금지
1791: 기해박해(윤지충, 권상연, 권일신 죽음)
1794: 화성 성축 시작
1795: 혜경궁 홍씨 회갑연
1796: 화성 완공

"

화성 행궁에서 어머니를 위한 회갑연도 베풀었습니다.
사연 많은 세상을 살아가던 어머니에 대한
아들의 효도였습니다.

"

10

> 1779: 천진암강학회
> 1785: 명례방사건, 이벽 죽음
> 1787: 김범우 죽음, 반회사건
> 화산(花山) **1789: 현륭원(顯隆園)** 한(恨)
> 1790: 제사금지
> 1791: 기해박해(윤지충, 권상연, 권일신 죽음)
> 1794: 화성 성축 시작
> 1795: 혜경궁 홍씨 회갑연
> 1796: 화성 완공
> 효(孝)

"

정조는 그 전에
경기도에 묻혀있던 아버지 사도세자의 무덤을
화성 가까운 곳으로 옮겼습니다.
정조가 열 살의 왕세손(王世孫)일 때,
직접 지켜본 아버지 사도세자의 참혹한 죽음은
평생의 한(恨)이었습니다.

"

11

1779: 천진암강학회
1785: 명례방사건, 이벽 죽음
1787: 김범우 죽음, 반회사건
화산(花山)　**1789: 현륭원(顯隆園)**　한(恨)
1790: 제사금지
1791: 기해박해(윤지충, 권상연, 권일신 죽음)
1794: 화성 성축 시작
1795: 혜경궁 홍씨 회갑연　효(孝)
1796: 화성 완공

"

그는 왕위에 오르자마자
당시 경기도 양주(지금은 서울)에 묻혀있던 아버지의 묘(墓)를
'현륭원(顯隆園)'이라고 고쳐 부르며 옮긴 것입니다.
아버지의 혼을 위로하고,
자신 속에 있는 한을 조금이나마 풀고 싶었겠죠?
옮긴 곳은 화산 자락입니다.

"

12

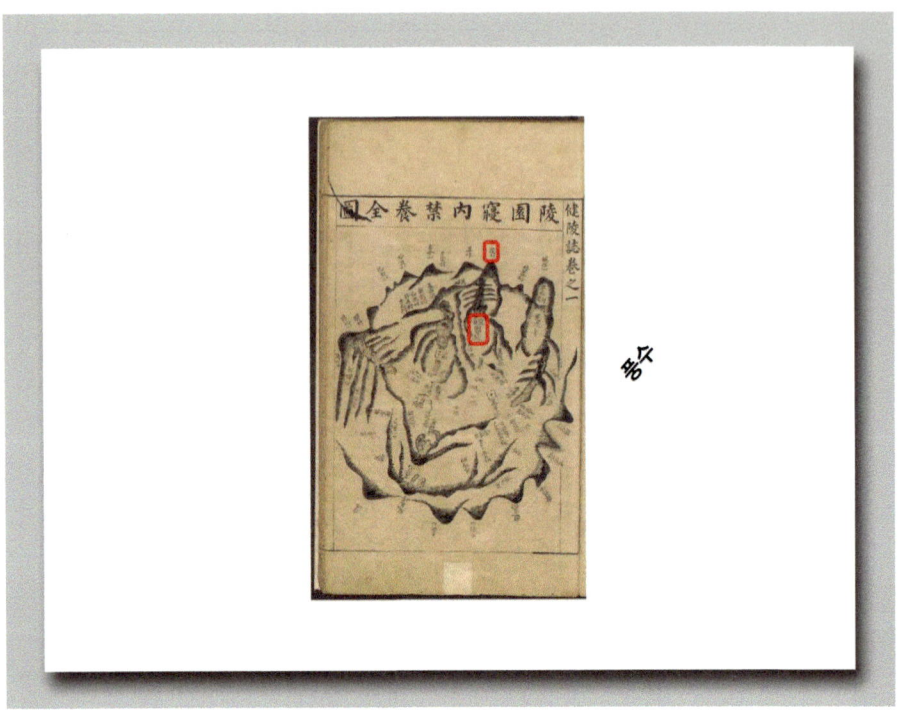

"

(화산과 현륭원 각각의 위치를 가리키며)
이곳입니다.
이곳에 자리를 잡은 것은 오직 풍수 때문이었습니다.

"

13

"

그런데 정조가 1800년에 갑자기 죽어 아버지 곁에 묻혔습니다.
건릉입니다.
그 후, 정조의 어머니 혜경궁 홍씨가 1816년에 죽음으로
현륭원에 사도세자와 합장되었습니다.
1821년에는 정조의 묫자리가 초장지에서 지금의 자리로 이장되었습니다.
이 또한 오직 풍수 때문이었습니다.
현륭원은

"

14

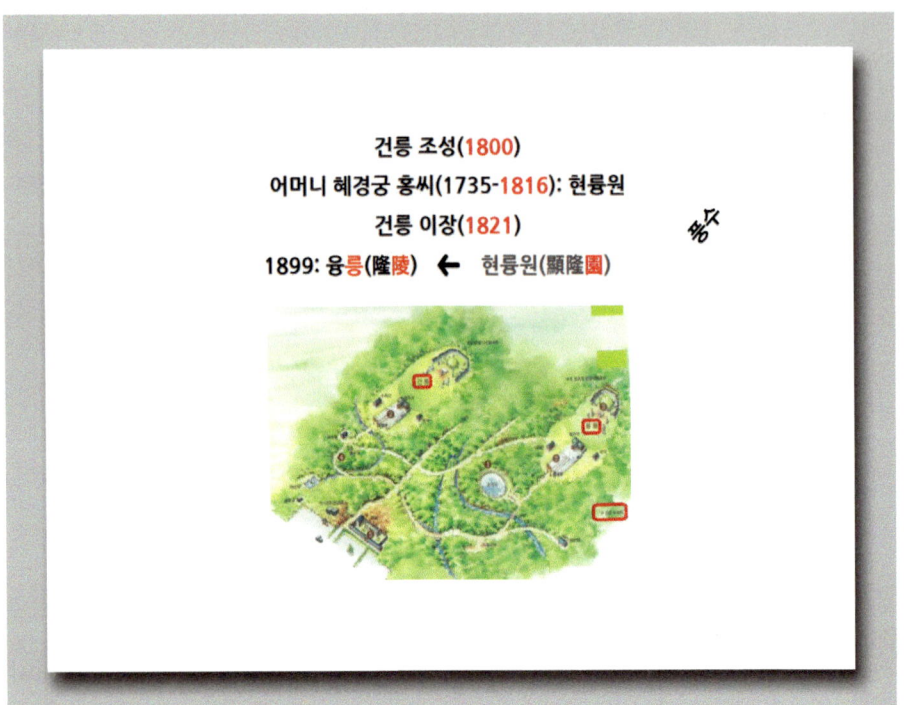

"

약 100년 후 '융릉(隆陵)'으로 격상됩니다.
'왕의 무덤'이 되는 것입니다.

"

15

"

"

융/건륭: 풍수

16

> '입신(立身)은 유교로 하더라도 출세는 풍수로 한다.'
>
> 무학대사(1327-1405)
>
> 효종 (孝宗, 1619-1659)의 묘 자리:
> 윤선도(1587-1671)와 송시열(1607-1689)
>
> 융/건릉: 윤선도가 추천한 자리
>
> '반룡농주형(盤龍弄珠形): 누워있는 용이 여의주를 희롱하는 자세'
>
> 사도세자의 태몽
> '신룡(神龍)이 여의주를 물고 침실로 들어왔다.'

"
'입신(立身)은 유교로 하더라도 출세는 풍수로 한다.'
조선 사회의 모습입니다.
조선을 건립할 때,
무학대사는 풍수에 근거하여 한양을 도읍지로 추천하였습니다.
이성계는 무학대사의 의견을 따랐습니다.
효종이 죽었을 때,
효종의 묫자리에 대해 윤선도와 송시열의 논쟁은 잘 알려져 있습니다.
사실은 풍수를 빌미로 하는 남인과 서인의 다툼이었습니다.
"

17

> '입신(立身)은 유교로 하더라도 출세는 풍수로 한다.'
>
> 무학대사(1327-1405)
>
> 효종 (孝宗, 1619-1659)의 묘 자리:
> 윤선도(1587-1671)와 송시열(1607-1689)
>
> 융/건릉: 윤선도가 추천한 자리
>
> '반룡농주형(盤龍弄珠形): 누워있는 용이 여의주를 희롱하는 자세'
>
> 사도세자의 태몽
> '신룡(神龍)이 여의주를 물고 침실로 들어왔다.'

"
효종의 묫자리가 송시열이 추천한 곳으로 정해진 것은
송시열의 풍수 이론이 훌륭해서가 아니라
서인 세력이 남인 세력을 이긴 것이었습니다.
그때 윤선도가 추천한 자리에 훗날 융/건릉이 자리를 잡습니다.
융/건릉 자리를 '반룡농주형(盤龍弄珠形)'이라고 합니다.
'누워있는 용이 여의주를 희롱하는 지세'라는 뜻입니다.
이는 사도세자가 정조를 얻을 때 꿨던 태몽과 관련이 있는 것 같습니다.
태몽은 '신룡(神龍)이 여의주를 물고 침실로 들어왔다'는 것이었습니다.
"

18

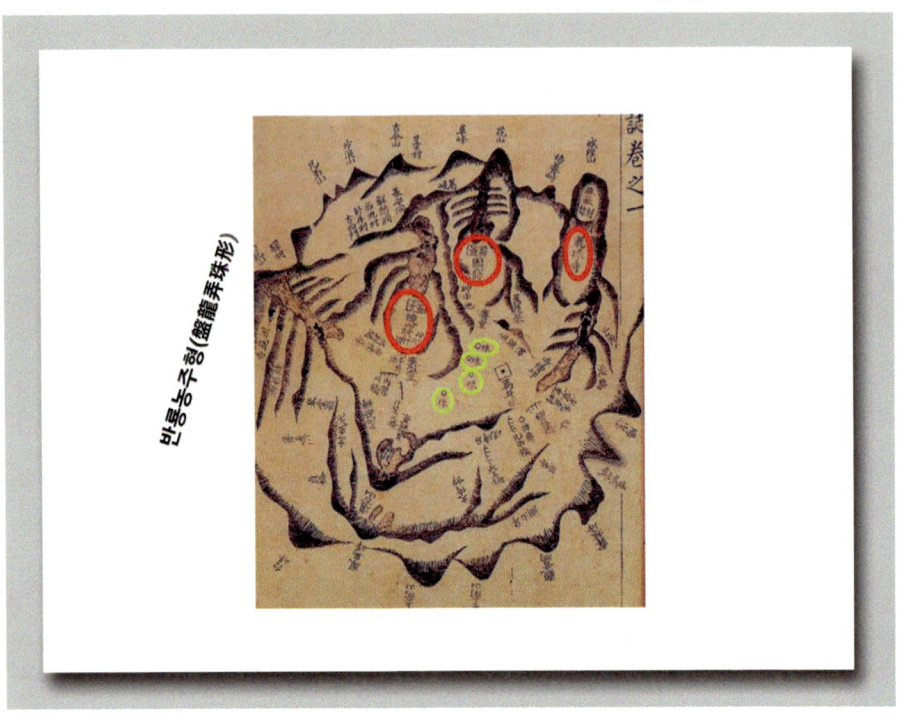

"

지금은 흔적 없이 사라졌지만
현릉원 앞쪽으로 여의주 네 개가 만들어져 있었습니다.
풍수에 매우 철저했던 것입니다.

"

19

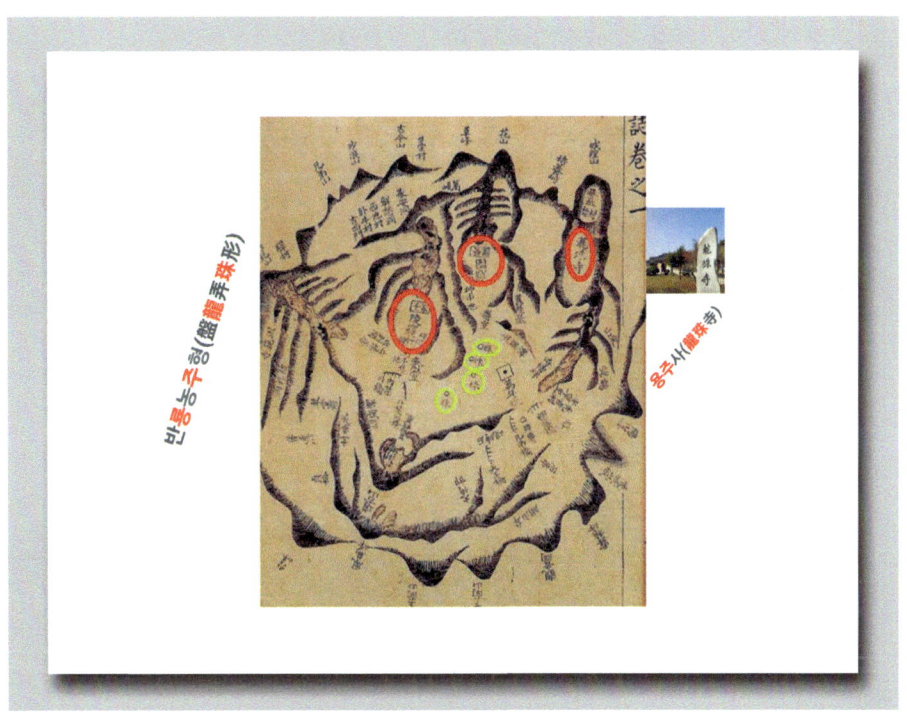

"

현륭원 가까운 곳에 정조가 세운 절의 이름 '용주사(龍珠寺)'도
'반룡농주(盤龍弄珠)'와 관련이 있을 것 같습니다.

"

20

"

풍수의 기본은 배산임수입니다.
(해당 부분을 가리키며)
앞에 물의 기운이 부족하다고 여겨지면 애써
물길을 내거나 물을 보강하였습니다.
현재 복원 중에 있는 만년제도 그런 취지였을 것입니다.

"

21

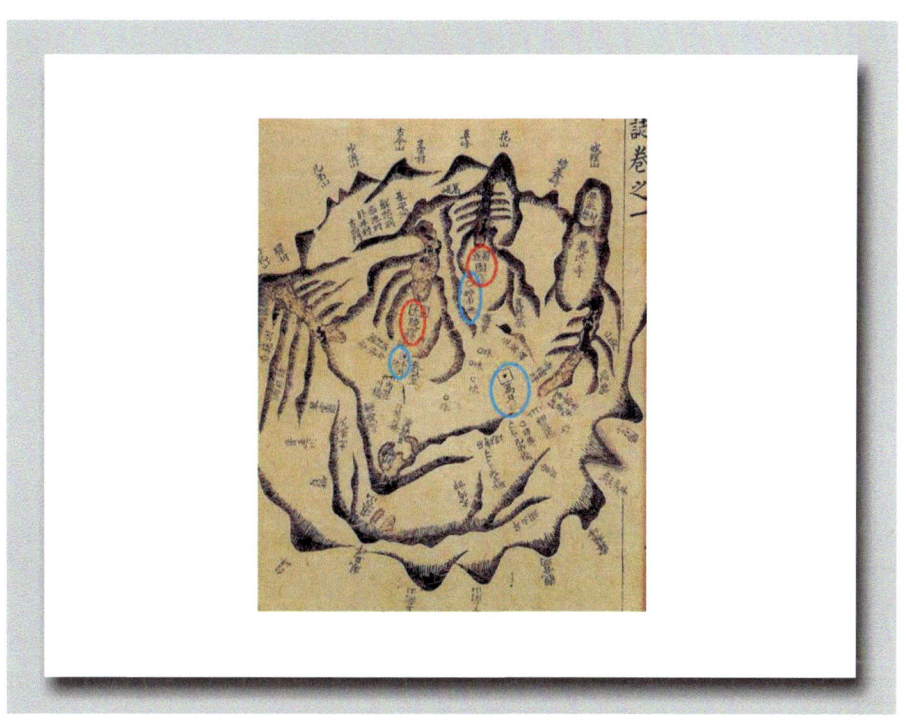

"

옛 지도를 보면 이런 의도가 잘 보입니다.
배산임수의 지세를 갖추려는 노력이 확연합니다.

"

22

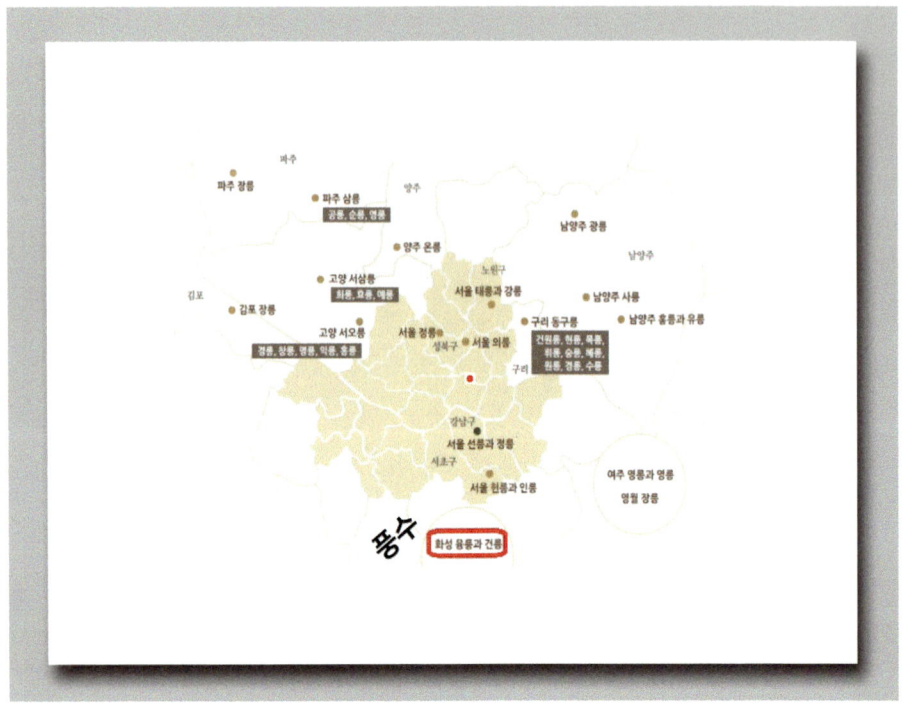

"
정조는 아버지의 무덤을
다른 왕릉에 비해 꽤 남쪽으로
그것도 한강을 건너지 않고 갈 수 있던 곳을
한강을 건너가야 갈 수 있는 곳으로 옮겼습니다.
왕이 한강을 건너는 일은 예삿일이 아니었는데,
왜 그랬을까요?
풍수였습니다.
"

23

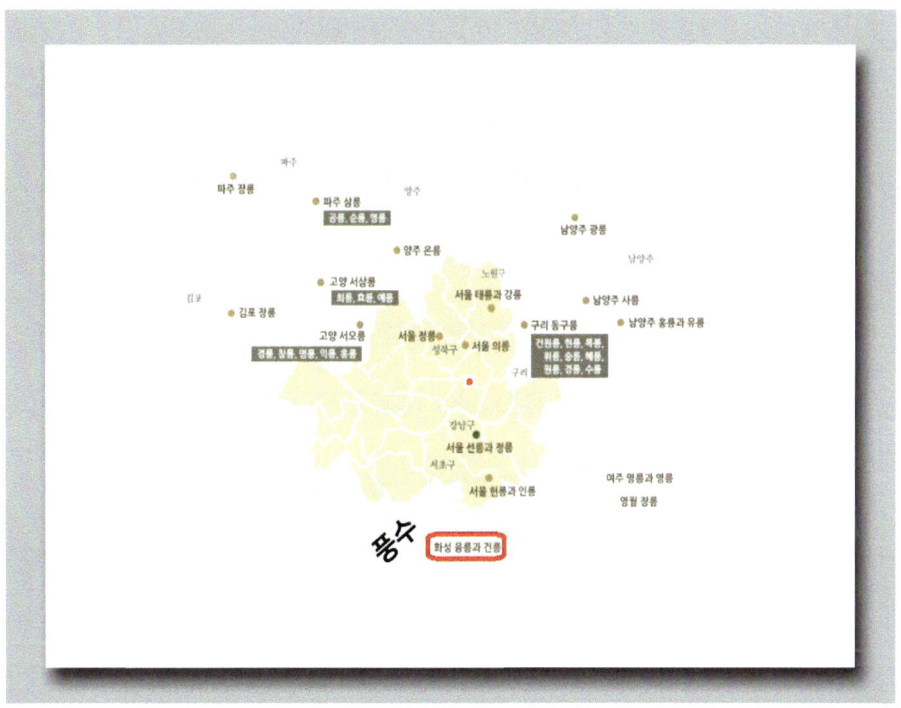

"

정조는 왕의 자손이 번창하고,
나라가 안정되어 오래 가기를
풍수에 의지하며 소원했을 것입니다.
현륭원 이장과 조성에서 정조가 그토록 심혈을 기울인 풍수는
정조의 소원을 이루어줬을까요?
아닌 것 같습니다.

"

24

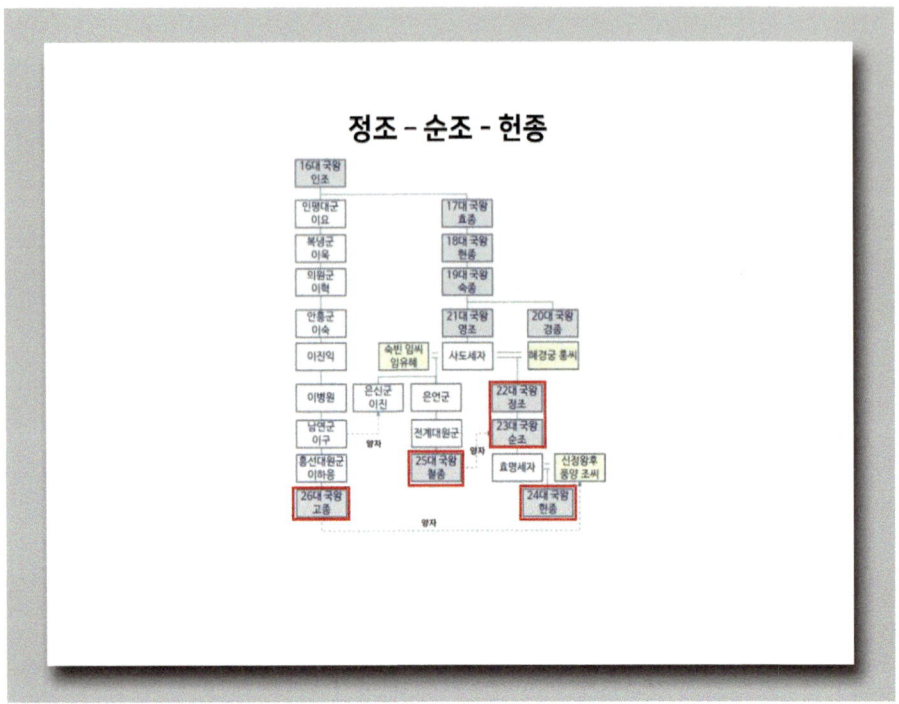

> "
> 정조의 후손은 손자(헌종)에서 끊깁니다.
> 글도 모르는 강화도령을 양자 삼아 왕위에 올렸습니다.
> 철종입니다.
> 철종도 후손을 남기지 못했습니다.
> 철종에게 17촌의 먼 친척을 또 양자 삼아 왕위에 올렸습니다.
> 고종입니다.
> 그리고 순종을 끝으로 조선은 망했습니다.
> 정조의 후손 번창의 소원을 풍수는 이뤄주지 못했습니다.
> 게다가 정조가 죽은 후
> "

25

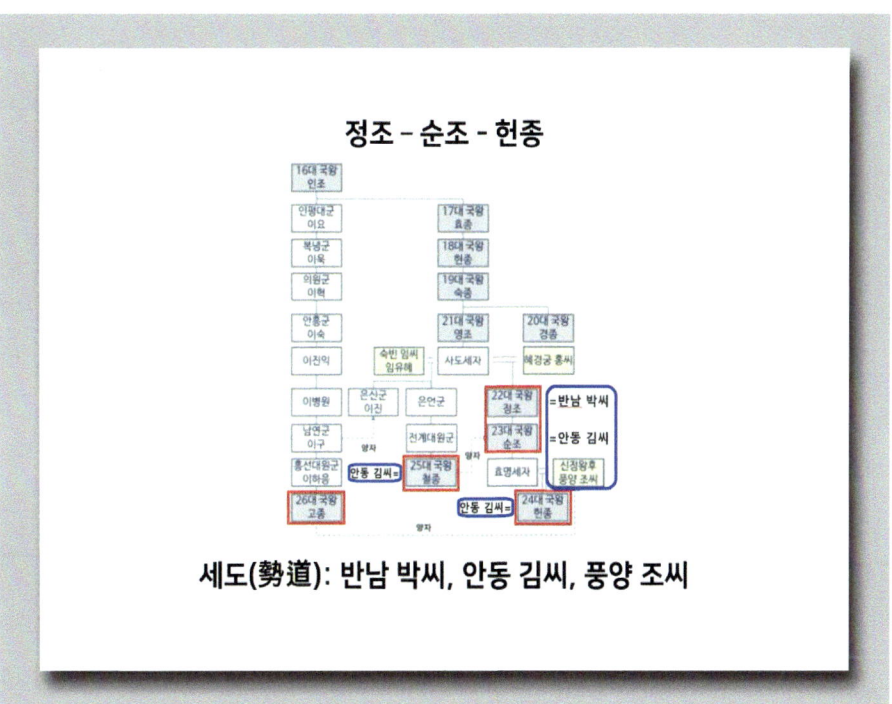

"

정조 이후 조선은 왕을 중심으로 나라가 태평했나요?
이 또한 아닙니다.
나라의 권력은 왕이 아니라 세도 가문에 있었습니다.
순조는 10살에 왕위에 오르고 헌종은 일곱 살에 왕위에 오르므로
수렴청정이 이루어지고 권력은 외적에 있게 되었던 것입니다.
글을 모르던 철종은 허수아비였습니다.

"

26

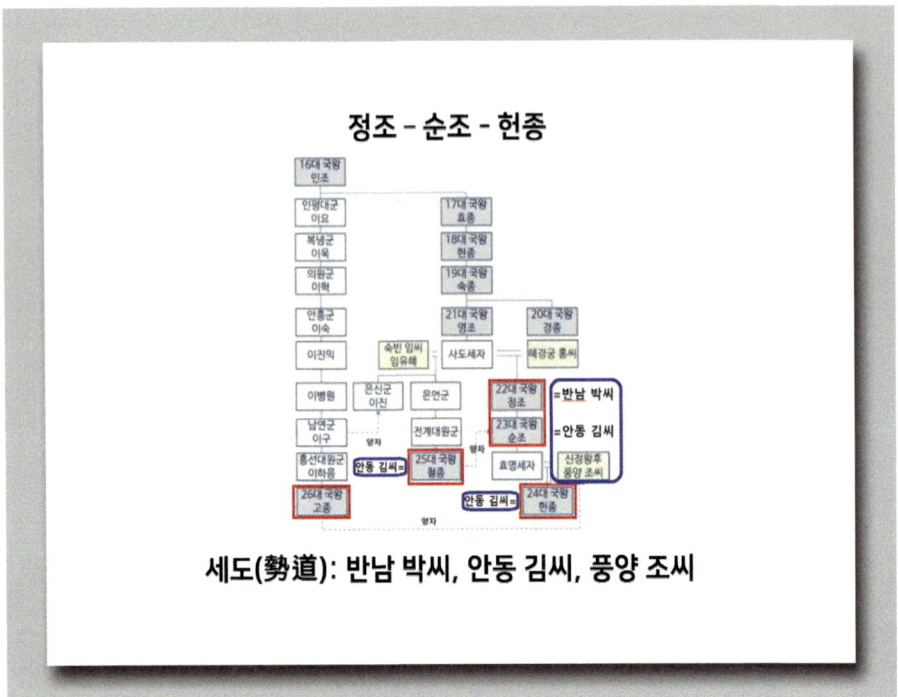

"
왕이 아니라
외척인 반남 박씨, 안동 김씨, 풍양 조씨 가문에 의해
조선이 움직였습니다.
고종은 세도 가문으로부터 다소 해방되었나 했더니
새로운 힘이 나타났습니다.
일본, 청나라, 러시아의 간섭이었습니다.
특히 일본이었습니다.
"

27

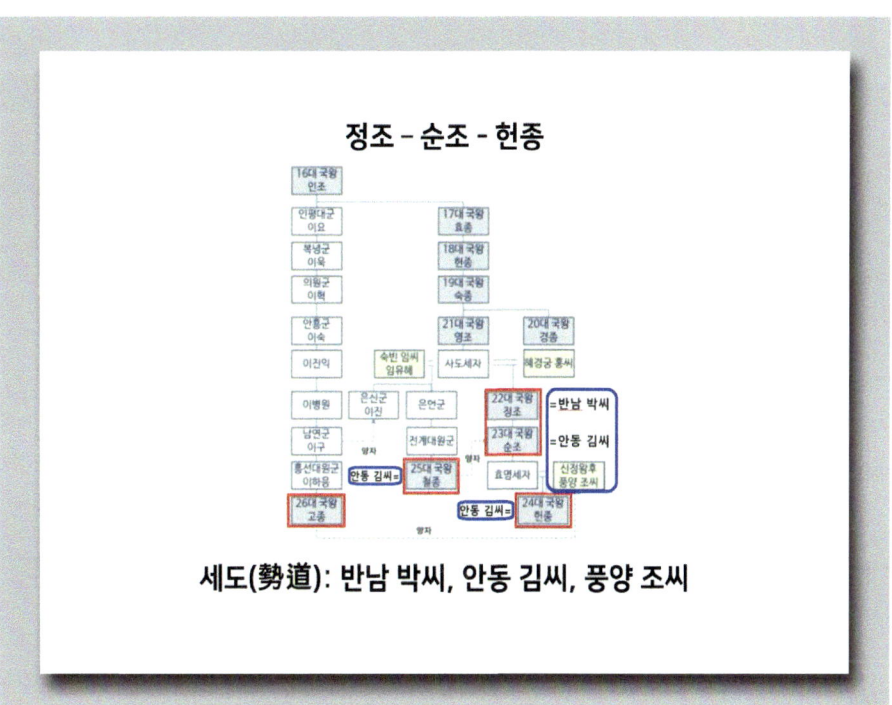

"

고종의 부인은 일본 낭인들에 의해 궁궐에서 시해되었고,
고종은 일제에 의해 강제로 퇴위했고
고종의 아들 순종은
왕 노릇 한 번도 하지 못했으며
조선은 망했습니다.

"

28

NOT 풍수, BUT … !

"

중요한 것은 풍수가 아니었습니다.
풍수보다 더 중요한 것이 많이 있었습니다.
예를 들어, 사람이 풍수보다 더 중요했습니다.

"

29

"

"

30

풍수: 전통 사상

"

풍수는 조선의 전통 사상 중 하나였습니다.
조선에 적지 않은 영향을 끼친 전통 사상은 더 있습니다.

"

31

천원지방(天圓地方)

"

천원지방은 그 중 하나입니다.

"

32

마니산(摩尼山)

"

민족의 영산이라고 하는 강화도 마니산(摩尼山) 정상에는

"

33

마니산(摩尼山)

참성단(塹星壇)

"

참성단(塹星壇)이 있습니다.

"

34

참성단(塹星壇)

"

참성단은 위가 둥글고 아래가 평평한 천원지방(天圓地方)의 모습입니다.

"

35

참성단(塹星壇)

"

제사상에 놓이는 지방(紙榜)과
무덤 앞에 세워져 있는 비석의 모습도 그러합니다.
엽진의 모습에도 친원지방이 있습니다.

"

36

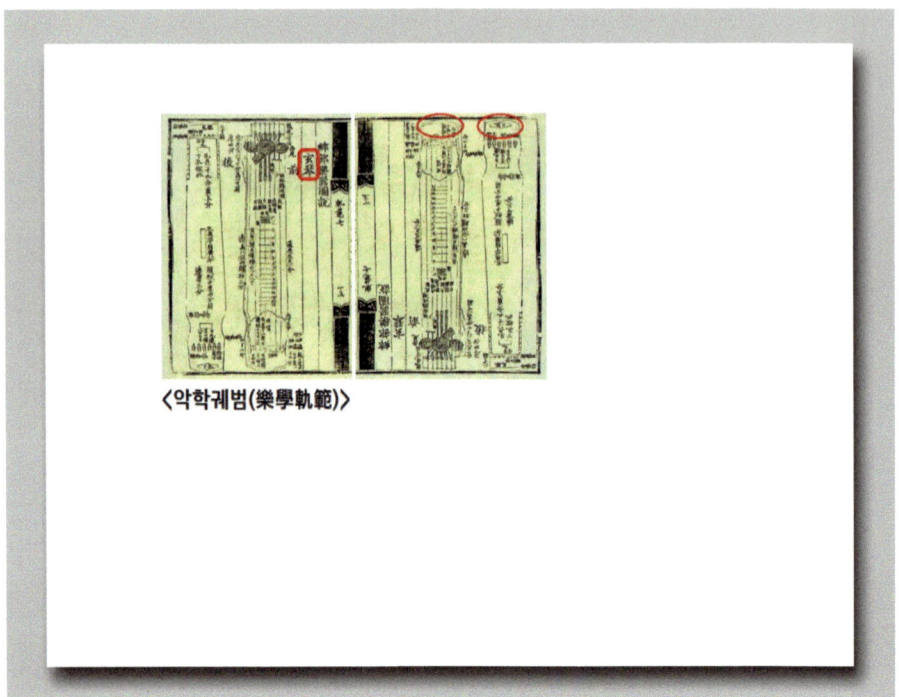

〈악학궤범(樂學軌範)〉

"

〈악학궤범〉에 그려진 '현금' 즉 거문고는
천원지방의 모습이었습니다.

"

37

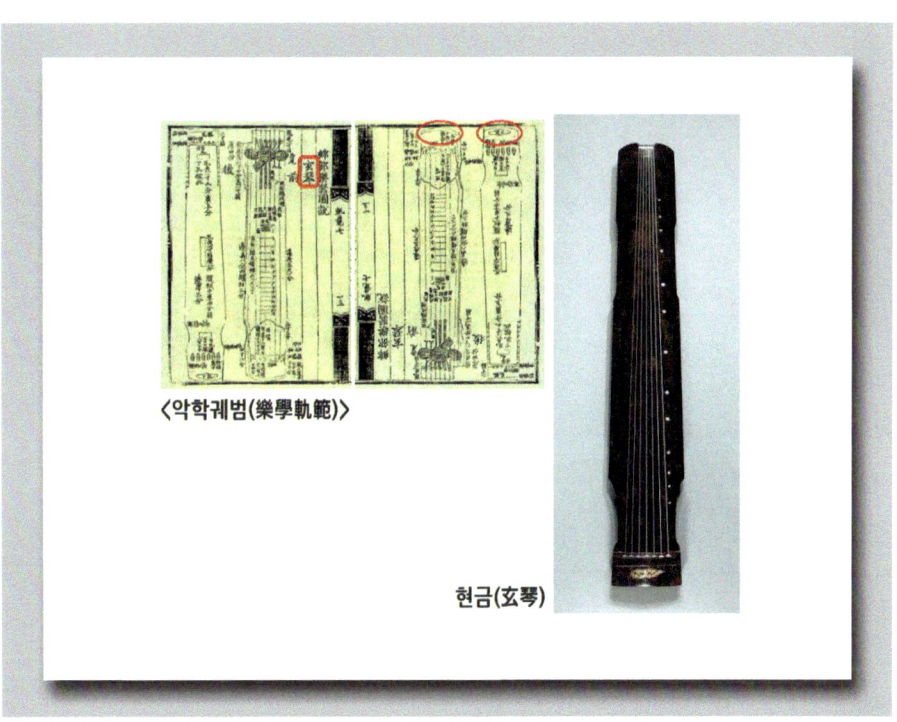

"

현재 중국에 전해지는 '현금'에는
천원지방의 모습이 분명합니다.

"

38

"

사람의 모습도 천원지방의 모습으로 인식하여

"

39

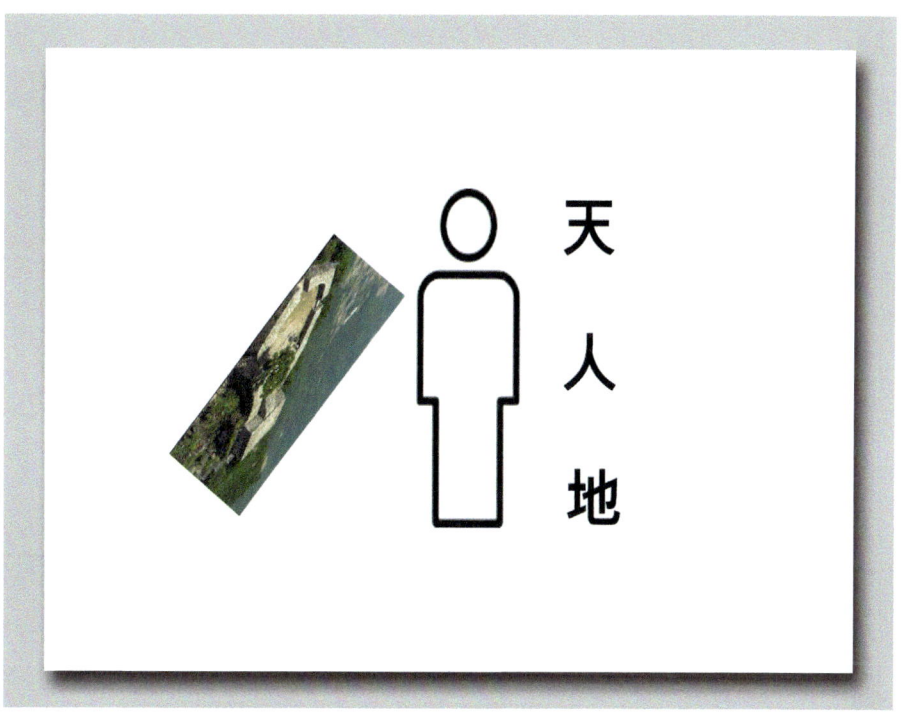

"

'천지인(天地人)'이라 하고

"

40

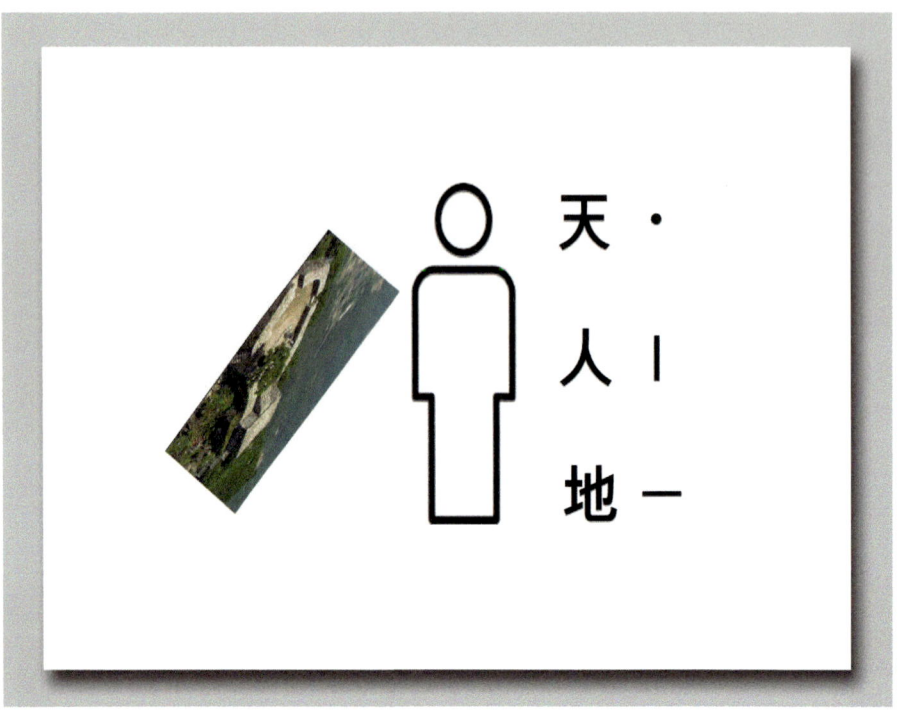

"

(오른쪽의 세 개 모양을 가리키며) 이렇게 나타내더니

"

41

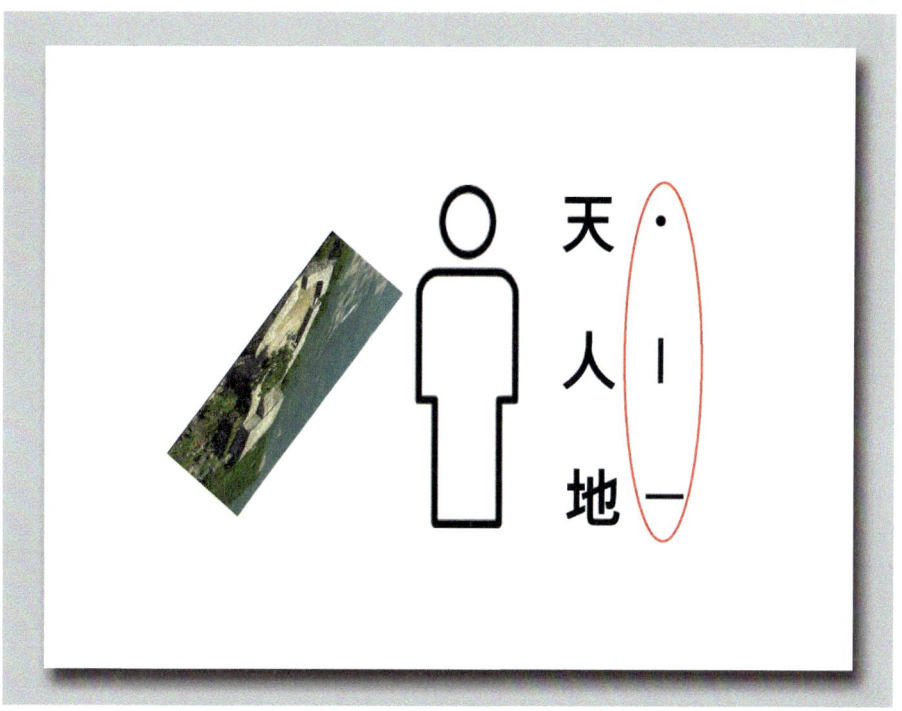

"

이 모양은

"

42

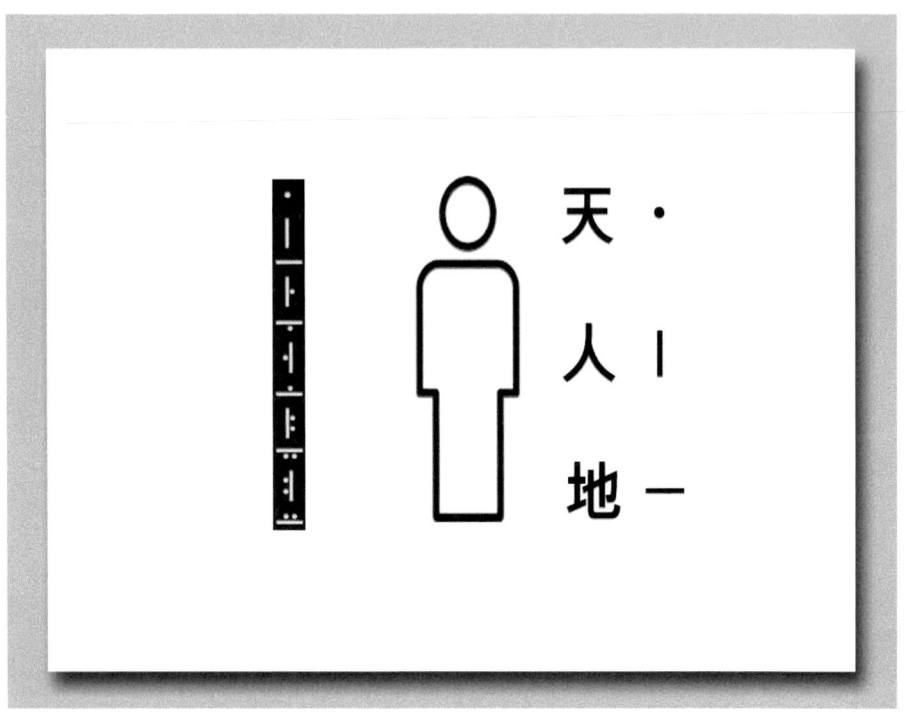

"

한글의 모음이 되었습니다.

"

43

방지원도(方池圓島)

"

천원지방은 방지원도의 모습으로 나타나기도 하였습니다.
'네모 연못 둥근 섬'입니다.

"

44

방지원도(方池圓島)

"

궁궐이나 권력자의 정원에 조성된
네모 연못 가운데에는 둥근 섬이 있습니다.
연못은 땅을, 섬은 하늘을 상징합니다.

"

45

"

전남 강진에 있는 다산초당 옆에도
방지원도 모양의 연못이 있습니다.

"

46

"

융/건릉 앞에 조성된
천년지와 만년제의 모습도 그러합니다.

"

47

천원지방(天圓地方)?

"

조선 사회 곳곳에 배어있던 천원지방 사상은
오늘 어떤 모습일까요?

"

48

"

수원 화성의 화서문입니다.

"

49

"

지금의 모습입니다.

"

50

"

기둥의 받침에도

"

51

"

천원지방 사상이 스며있는데
해를 거듭하며 보수하는 과정에서

"

52

"

네모 부분이 묻혔습니다.
'땅(地)'이 땅속에 묻혔습니다.
천원지방 사상이 잊힌 것입니다.

"

53

"

조선의 현금에 있던 천원지방 사상도

"

54

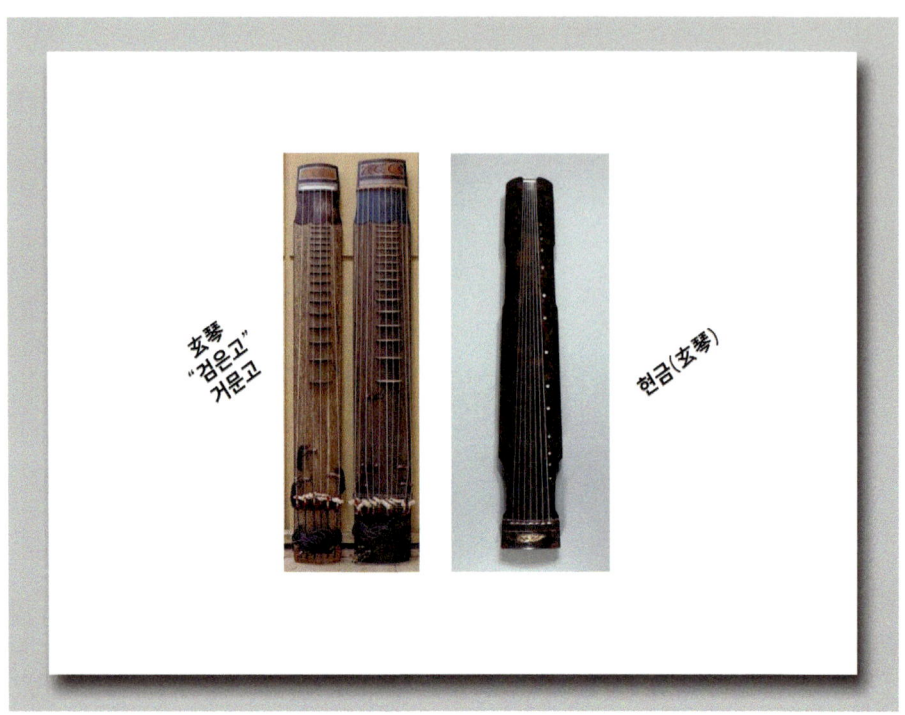

"

요즈음 거문고에는 없습니다.

"

55

"

천원지방 형태의 비석 모습이
(가운데 그림을 가리키며) 이렇게 변하더니
지금은
(오른쪽 그림을 가리키며) 이렇게 변하고 있습니다.
천원지방의 사상이 사라졌습니다.

"

56

방지원도(方池圓島)?

"

방지원도는 어떨까요?

"

57

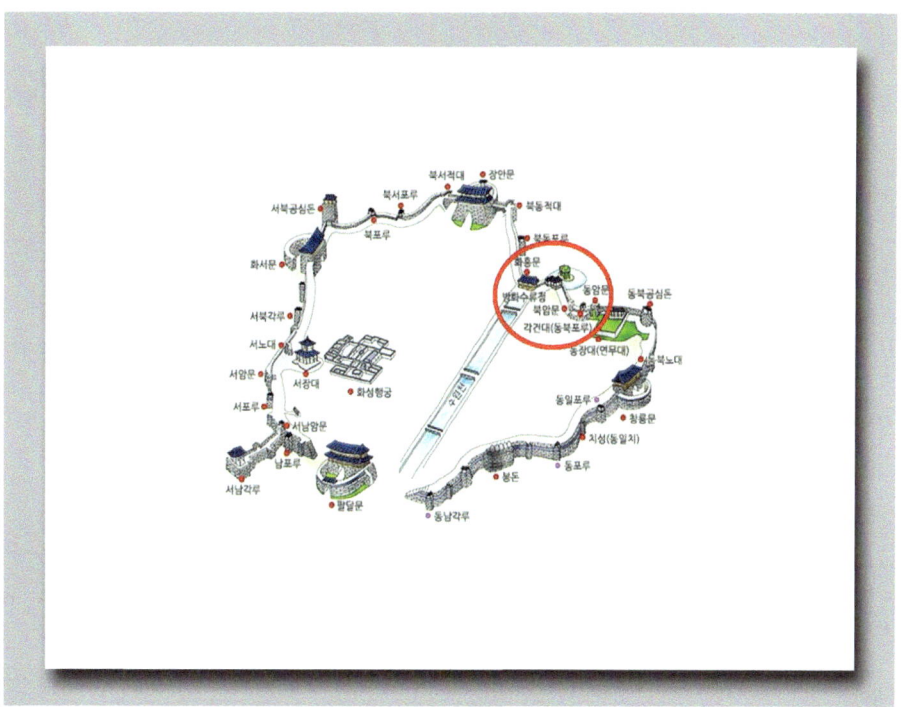

"

수원 화성 방화수류정 밖에 용연이 있습니다.

"

58

"

용연의 옛 그림에 의하면,
용연은 방지원도의 모습이었지만

"

59

"

지금은 그렇지 않습니다.
섬은 여전히 둥그나 연못은 네모 모양을 잃었습니다.
연못에 스며있던 방지원도 사상이 잊힌 것입니다.

"

60

"

그런데

"

61

"

(글을 가리키며)
네모는 땅에 속하고,
원은 하늘에 속하니
천원지방이라.
'천원지방'은

"

62

『주비산경 周髀算經』(기원전 2세기-기원후 3세기)

'方屬地, 圓屬天, 天圓地方'

"

산학(算學) 책인 〈주비산경 周髀算經〉에 언급되어 있습니다.
〈주비산경 周髀算經〉은 천문도 많이 이야기합니다.
여기저기 스며있던
천원지방 또는 방지원도 사상은

"

63

"

세월이 흐르며 잊혔습니다.
그런 사상은 한때의 유행이었습니다.
그러나
〈주비산경〉에 기록되어 전해지는

"

64

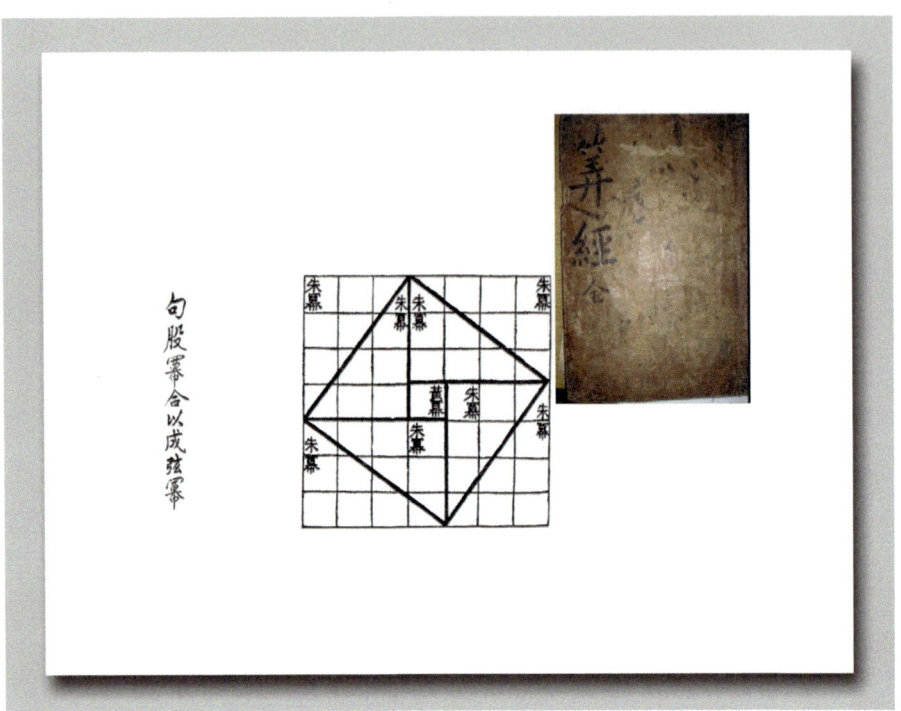

"

수학,

"

65

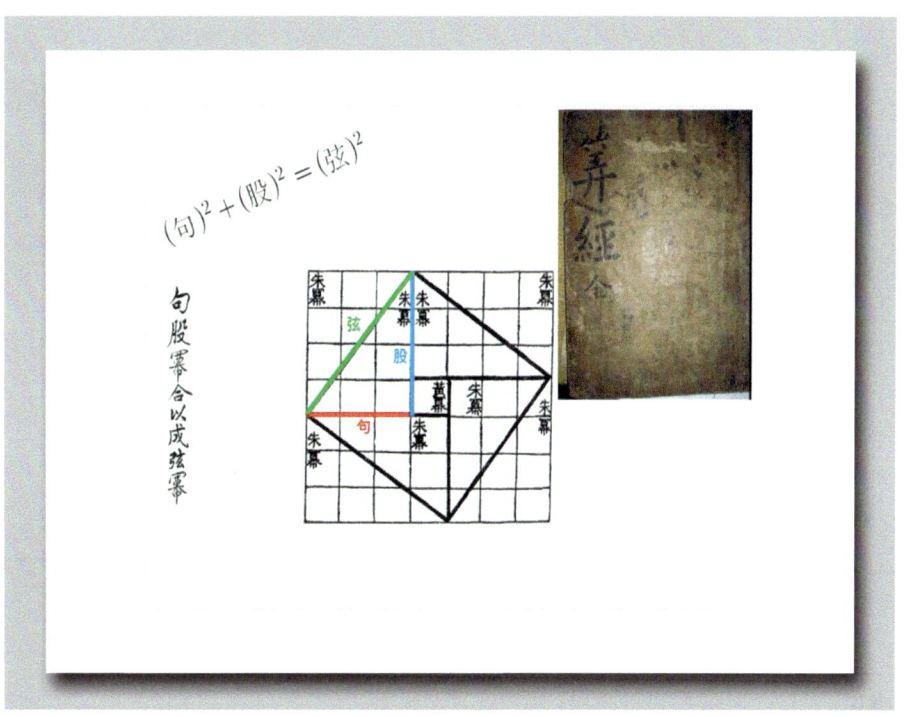

"

피타고라스 정리는 오늘도 여전히

"

66

"

그 멋과 힘을 과시하고 있습니다.
수학은 유행이 아닙니다.

"

67

NOT 전통사상, BUT … !

"

전통사상은 변하고 잊힙니다.
그러나 수학은 변하지 않습니다.
2500년전 수학은
오늘도 글자 그대로
일점일획도 가감 없이 유효합니다.

"

68

"

"

69

정조(正祖, 1752-1800), 재위: 1776-1800

홍대용(洪大容, 1731-1783)

"

정조가 왕이 되기 전에,
함께 진지한 대화를 나눈 사람 중 하나가 홍대용입니다.
홍대용은

"

70

"

〈주해수용〉이라는 산학책을 저술하였고

"

71

> 1765년: 홍대용의 중국(청나라) 방문
>
> '주자학자들이
> 입으로는 정학(正學)이니 구세(救世)니 하면서
> 실은 승심(勝心), 권심(權心), 이심(利心) 등의
> 불순한 마음으로 허(虛)에 빠지고 있다.'
>
> '주자학(朱子學)'
>
> '주자(朱子)'

"

청나라를 방문하여 서양의 과학과 기술을 접한 사람이었습니다.
'주자학자들이 입으로는 정학(正學)이니 구세(救世)니 하면서 실은
승심(勝心), 권심(權心), 이심(利心) 등의
불순한 마음으로 허(虛)에 빠지고 있다.'
홍대용은 고담준론에 빠져 있던 당시의 조선 학자들을 질책하였습니다.
'주자학'이 무엇입니까?
'주자'에 의한 학문입니다.

"

72

주희(朱熹, 1130-1200): 성리학(주자학) 창시

〈역학계몽 易學啓蒙〉

"

주자, 즉 주희는
조선의 지배 사상이던 성리학을 창시한 사람입니다.
조선에서 주희의 권위는 절대적이었습니다.
주희가 〈역학계몽〉을 펴냄으로
점치는 책은 〈역경 易經〉, 즉 경전(經典)이 되었습니다.

"

73

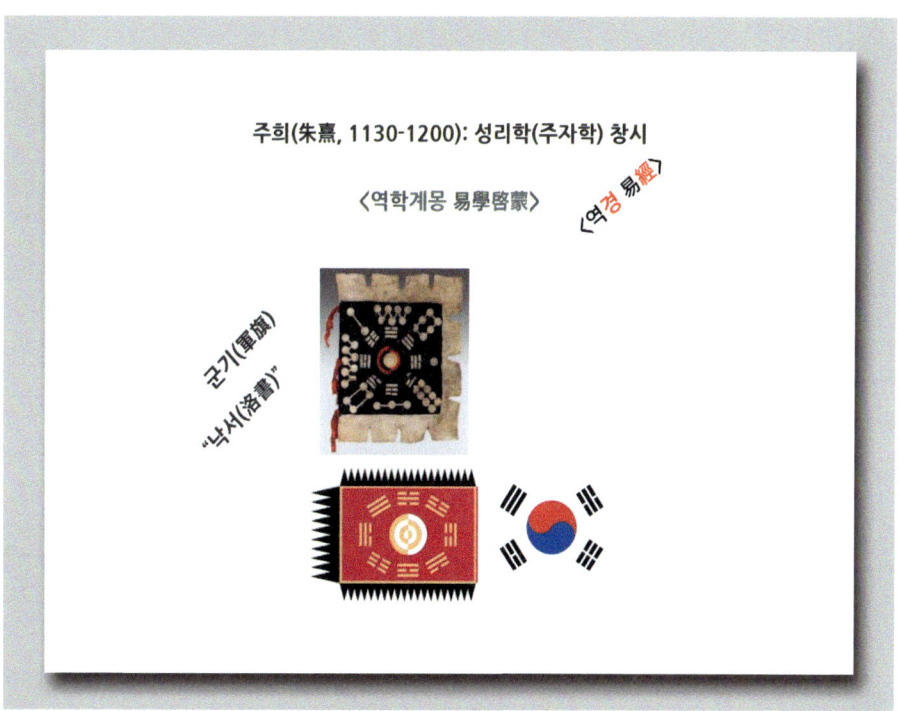

> "
> (해당 그림을 가리키며)
> 조선의 군기(軍旗) 중 하나입니다.
> 〈역학계몽〉에 그려져 있는 그림들이 여러 개 그려져 있습니다.
> 이 그림들은 군(軍)과 무슨 관계가 있나요?
> 이 그림들 중에서 태극과 팔괘는 우리나라 초창기의 태극기가 되더니
> 간소화되어 지금은 한국의 국기가 되었습니다.
> (해당 부분을 가리키며)
> 이것은 〈역학계몽〉에 그려져 있는 '낙서(洛書)'입니다.
> "

74

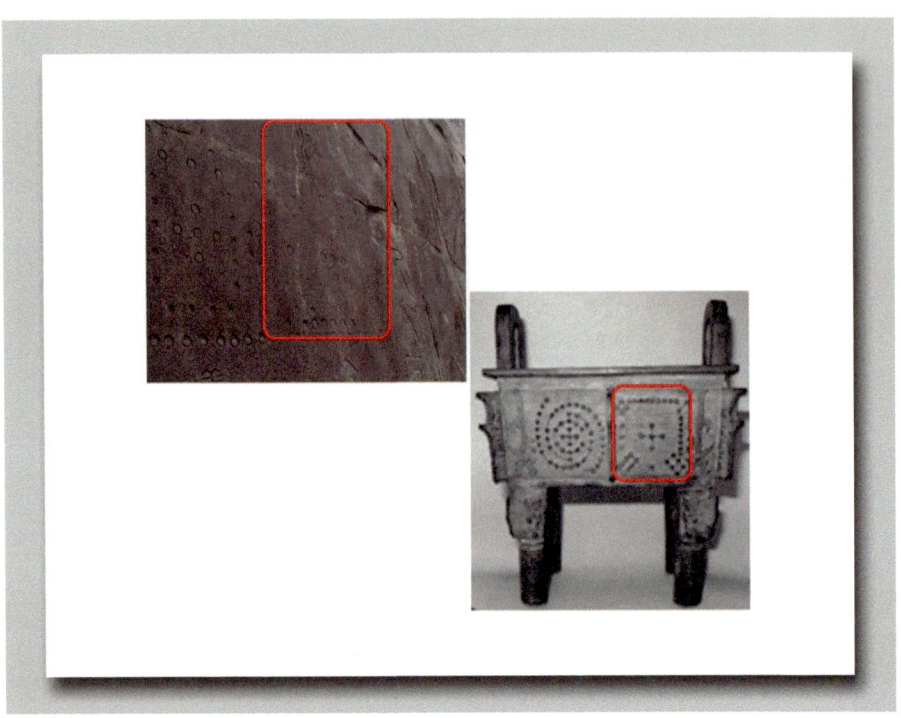

"

한국과 중국의 이곳저곳에 새겨지고 그려져 있습니다.

"

75

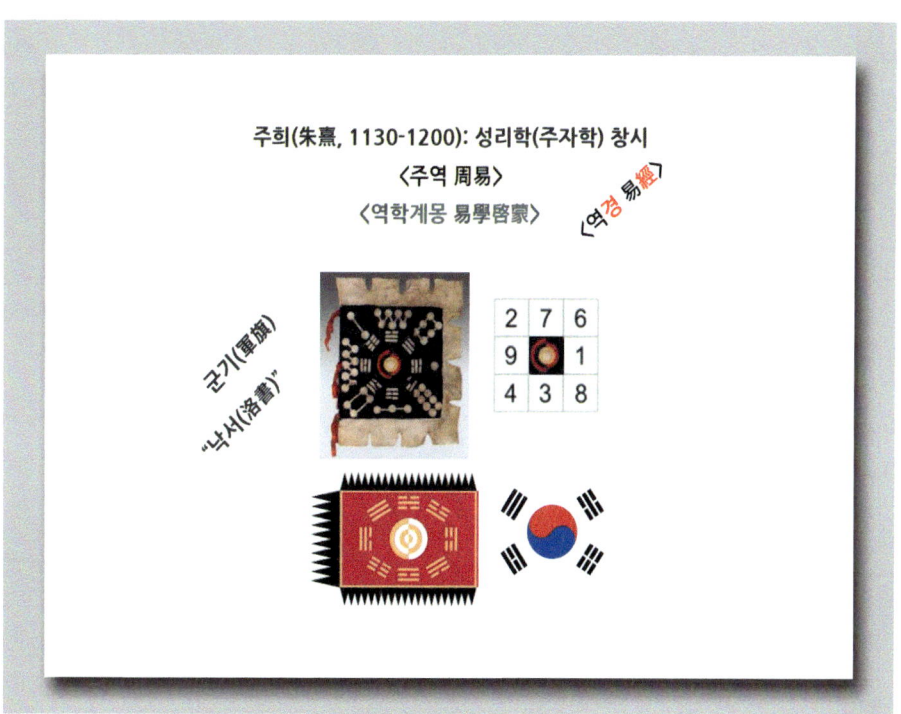

"

낙서를 숫자로 나타내 봅시다.
1에서 9까지 수 중에서
2, 4, 6, 8 짝수 네 개가 귀퉁이에 있고,
1, 3, 7, 9 홀수가 나머지 위치에 있습니다.
가운데 태극 문양이 있는 곳에는 어떤 수가 있을까요?

"

76

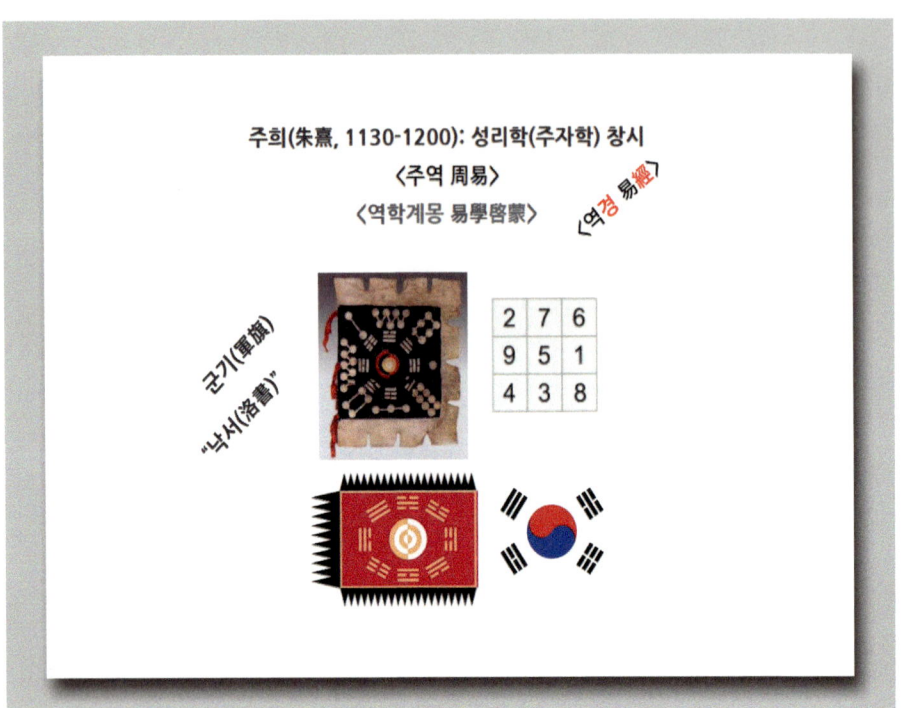

"

5입니다.
(숫자를 하나하나 가리키며)
1, 2, 3, 4, 5, 6, 7, 8, 9

"

77

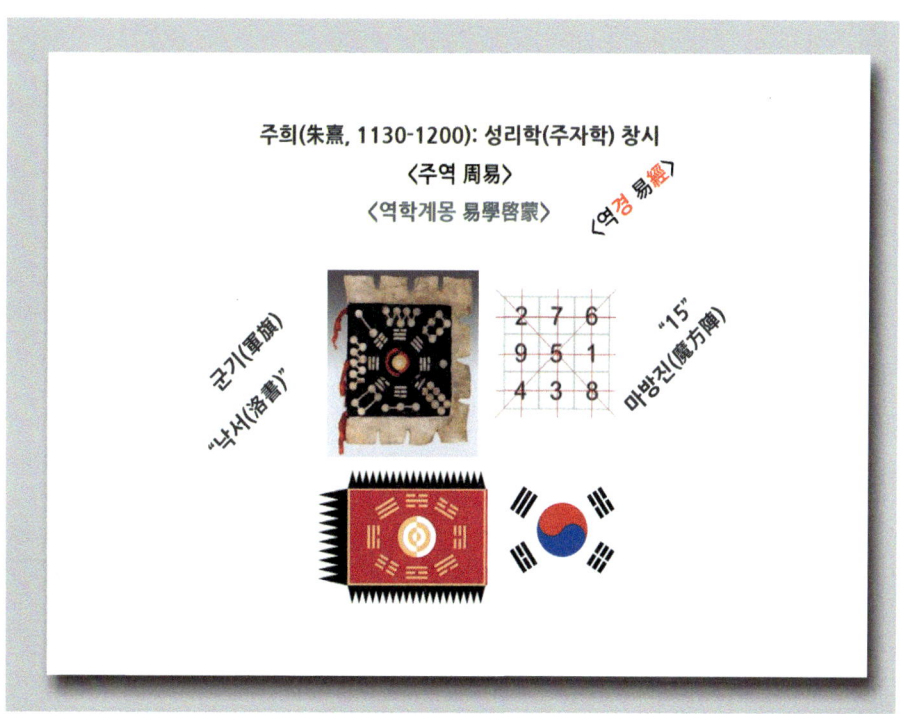

"

어떤 행을 택하더라도 합이 15이고, 어떤 열을 택하더라도 합이 15이며,
두 개 대각선 각각에서도 합이 15입니다.
신기하죠? 마술같죠? 그래서 이러한 수의 배열을 마방진이라고 합니다.
이 신기한 성질을 가지는 낙서에 대해 얼마나 많은 사람이 각자 해석하고
그럴듯한 나름의 의미를 부여했겠습니까?
낙서가 점치는데에도 사용될 법하죠?

"

78

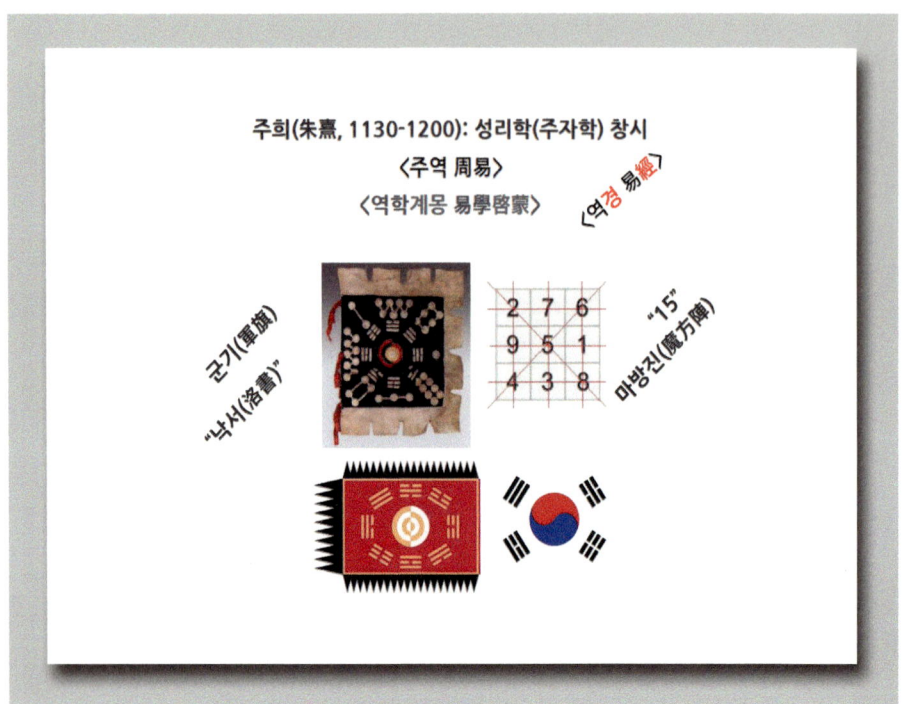

"

더구나
낙서를 애써 후대에 전해준 사람이 주희이니
조선 사회에서
그 의미와 가치가 결코 가볍지 않았을 것입니다.

"

79

우암(尤庵) 송시열(宋時烈, 1607-1689)

"

송시열은 조선 중기부터 조선에 큰 영향을 끼친 사람입니다.

"

80

우계(尤溪) : 주희가 태어난 곳의 이름

우암(尤庵) 송시열(宋時烈, 1607-1689)

만절필동(萬折必東)

"

송시열의 호 '우암(尤庵)'에서 '우'는 '우계'에서 따 왔습니다.
'우계'는 주희가 태어난 곳으로서 중국 복건성에 있습니다.
송시열은 주희를 존경하여 그의 호에서조차 주희를 유념합니다.
송시열은 주희의 필체도 흉내 냈다고 합니다.
송시열에게 주희는 신(神)이었습니다.
송시열 앞에서 주희의 학설에 이의를 제기함으로
큰 어려움을 겪은 사람이 여럿 있었습니다.

"

81

"

심지어 죽임을 당한 사람도 있었습니다.
'만절필동(萬折必東)'
송시열의 자취가 진하게 배어있는
충북 괴산의 화양계곡에 새겨져 있는 글입니다.
강이 만 번을 휘더라도 결국엔 동쪽을 향한다는 뜻입니다.
어떠한 상황을 만나더라도 송시열의 마음은
주희와 주희의 나라 중국(송나라, 명나라)을 향하였습니다.

"

82

만력제(신종): 1572-1620
태창제(광종): 1620
천계제(희종): 1620-1627
숭정제(의종): 1627-1644

"

화양계곡에는 만동묘도 있습니다.
송시열의 유언에 따른 사당입니다.
송시열은 죽으면서 제자들에게
명나라의 만력제와 숭정제를 위해 제사를 지내라고 했습니다.
만력제가 임진왜란 때, 군대를 보내 조선을 도운 것은 사실입니다.
그러나 만력제는 거의 50년에 가까운 긴 기간 황제로 있으며
명나라 멸망의 기초를 다진 사람입니다.

"

83

"

숭정제는 나라를 멸망케 한 마지막 황제입니다.
송시열은 살았을 때 '만절필동' 하더니
죽으면서도 그들을 위해 제사하라고 한 것입니다.

"

84

> "
> '만동묘'의 '만동'은 '만동필정'입니다.
> 명나라는 이미 망해 세상에서 사라졌는데
> 송시열과 그의 제자들은 명나라를 일편단심으로 사모하였습니다.
> 그들에게 천지는 명나라였고 해와 달은 숭정이었습니다.
> 참 묘한 일이었습니다. 병자호란을 겪으며 청나라는 강한 나라이고
> 명나라는 깊이 병들었음을 잘 알던 송시열인데
> 왜 그렇게 명나라에 집착했을까요?
> 청나라는 주희를 모르는 '오랑캐'이고
> 명나라가 주희의 사상을 잇고 있다고 생각한 것일까요?
> "

85

"

더 묘한 일이 있습니다.
송시열은 명나라에 기독 신앙을 전한 마테오리치를 모를 리 없습니다.
송시열이 그렇게 존경하던 명나라의 황제 만력제와 숭정제는
기독 신앙과 〈기하원본〉, 즉 서양의 수학을 적극적으로 수용했음을
송시열이 몰랐을 리가 없습니다.
송시열은 마테오리치로부터 기독 신앙을 받아들이고
서양 수학을 함께 번역한 서광계를 모를 리 없습니다.

"

86

"

서광계는 명나라에서 예부상서를 지낸 사람이고
조선에게는 민감한 '조선감호론'을 주장한 사람이었습니다.
송시열이 서광계를 몰랐을 리 없습니다.

"

87

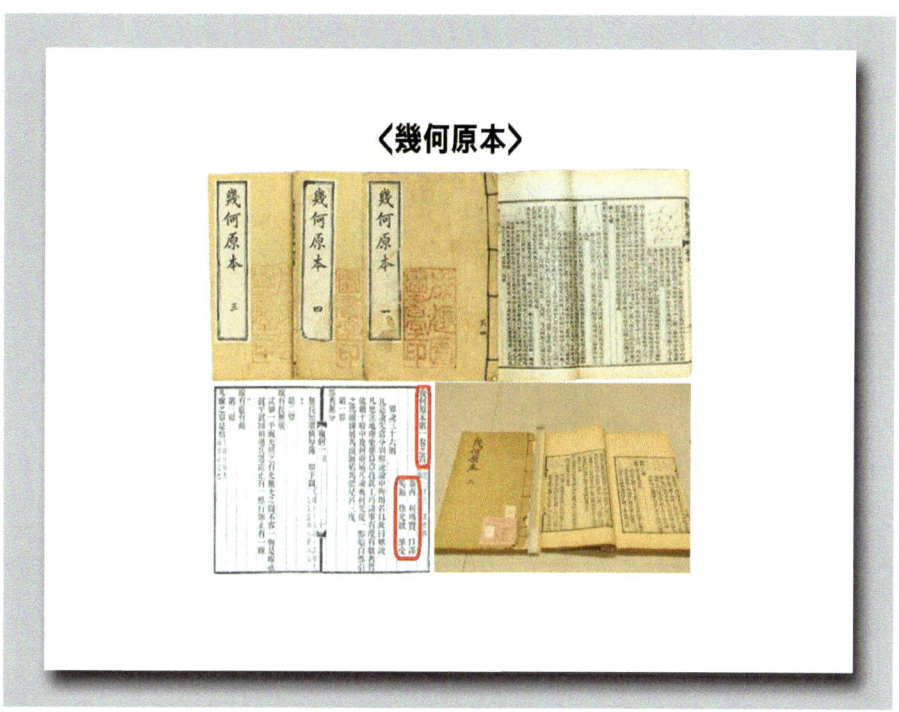

"

〈기하원본〉에는 마테오리치와 서광계의 이름이 분명하게 적혀 있고,

"

88

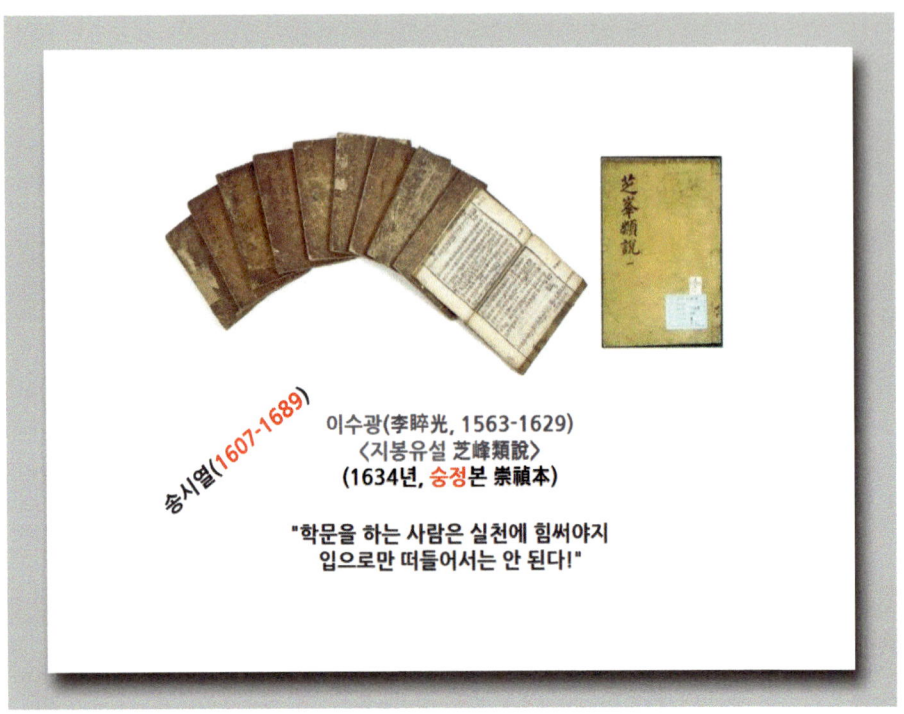

"
〈기하원본〉은 이수광의 〈지봉유설〉을 통해
이미 조선에 소개되어 있었습니다.
〈기하원본〉을 송시열이 몰랐을 리 없습니다.
왜, 송시열은 기독 신앙과 〈기하원본〉에 무심했으며,
기독 신앙의 가르침이나 〈기하원본〉의 정신과는
정반대의 신념과 행동을 취했을까요? 참으로 기이한 일입니다.
송시열은 〈지봉유설〉에 쓰여 있는 '학문을 하는 사람은 실천에 힘써야지
입으로만 떠들어서는 안 된다!'를 어떻게 이해하였을까요?
"

89

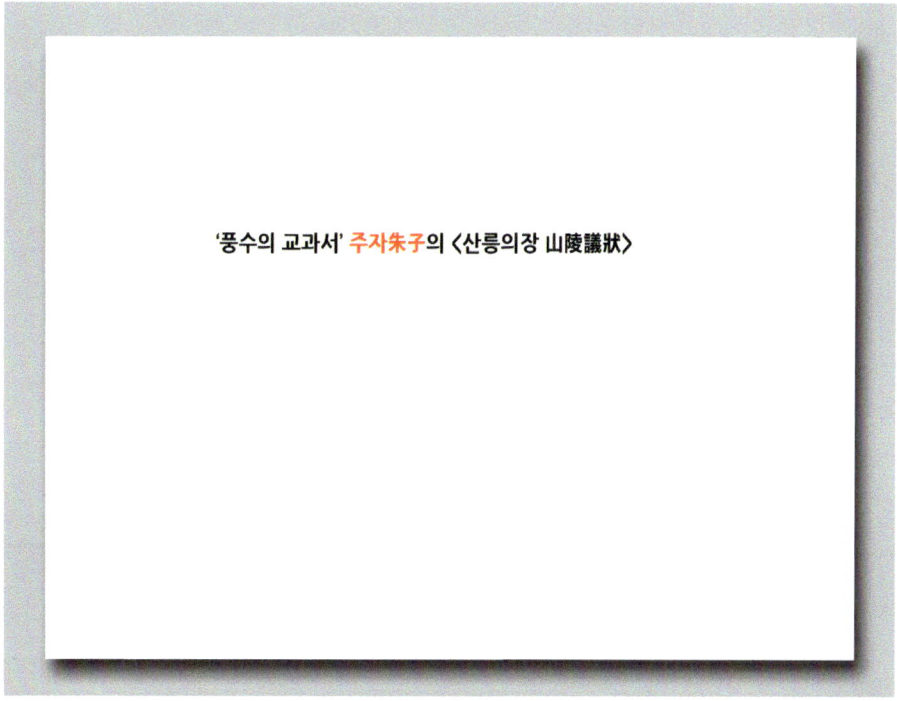

"

풍수가 조선에서 그만한 권위를 가진 것도 주희 때문입니다.
주희는 풍수의 교과서 격인 〈산릉의장〉을 저술하였습니다.

"

90

> 송시열(1607-1689)
> 홍대용 (洪大容, 1731-1783)
> '풍수의 교과서' 주자朱子의 〈산릉의장 山陵議狀〉의 비판
> '술가術家의 말을 심하게 주장한다.'
> '유종儒宗이 하신 말씀?'
> '사문난적(斯文亂賊)'
> 지전설(地轉說)
> 천원지방(天圓地方)?

"

조선에 〈산릉의장〉, 즉 주희의 풍수 사상을
비판한 사람이 있었습니다. 홍대용입니다.
홍대용은 주희가 '술가(術家)의 말을 심하게 주장한다'고 했습니다.
주희가 점치는 사람들의 말을 심하게 주장한다고 했습니다.
'유종(儒宗)이 하신 말씀'이라고 무조건 따르는 것은
옳지 않다고 생각하였습니다.
여기서 '유종'은 주희입니다.

"

91

홍대용 (洪大容, 1731-1783)

송시열(1607-1689)

'풍수의 교과서' **주자朱子**의 〈산릉의장 山陵議狀〉의 비판

'술가術家의 말을 심하게 주장한다.'

'유종儒宗이 하신 말씀?'

'사문난적(斯文亂賊)'

지전설(地轉說)

천원지방(天圓地方)?

"

송시열이 살아 있었다면 큰일 날 행동이었습니다.
'사문난적'으로 몰렸을 것입니다.
홍대용은 조선에서 최초로 지전설(地轉說)을 알린 사람입니다.
조선의 학자들이 '천원지방' 등 허탄한 말을 하지만
'지구는 돈다'고 말했습니다.
'천원지방'과 같은 허탄한 말이 무슨 의미 있느냐고 했습니다.
이 시간에도 지구는 돌고 있는데 말입니다.

"

92

> 홍대용
>
> NEITHER 風水 , NOR 朱熹 , 萬東,
> BUT … !

"

홍대용은 중요한 것은
풍수가 아니고, 주희 또는 명나라도 아니라고 했습니다.
홍대용은 수학과 기술이 관건임을 역설하였습니다.

"

93

"

"

94

"

사도세자와 정조가 살았던 그 시대에 유럽은 어떠하였을까요?

"

95

오일러(L. Euler, 1707-1783)

프리드리히 2세(Friedrich II, 1712-1786)

칸트(I. Kant, 1724-1804)

예카테리나 2세(Екатерина II, 1729-1796)

사도세자(1735-1762)

페스탈로치(J. Pestalozzi, 1746-1827)

괴테(J. W. von Goethe, 1749-1832)

정조(正祖, 1752-1800)

나폴레옹(Napoléon Bonaparte, 1769-1821)

헤겔(G. Hegel, 1770-1831)

가우스(C. F. Gauss, 1777-1855)

"

당시 유럽에서는
예루살렘 전통과 아테네 전통이
수학, 철학, 문학, 교육 등에서 함께 어우러지며
찬란한 꽃을 피우고 있었습니다.
특히 수학에서 그러했습니다.

"

96

오일러(L. Euler, 1707-1783)

칸트(I. Kant, 1724-1804)

페스탈로치(J. Pestalozzi, 1746-1827)
괴테(J. W. von Goethe, 1749-1832)

헤겔(G. Hegel, 1770-1831)
가우스(C. F. Gauss, 1777-1855)

"

이들의 공통점이 무엇일까요?
수학입니다.

"

97

오일러(L. Euler, 1707-1783)

칸트(I. Kant, 1724-1804)

페스탈로치(J. Pestalozzi, 1746-1827)
괴테(J. W. von Goethe, 1749-1832)

헤겔(G. Hegel, 1770-1831)
가우스(C. F. Gauss, 1777-1855)

"

오일러와 가우스는 탁월한 수학자입니다.

"

98

오일러(L. Euler, 1707-1783)

칸트(I. Kant, 1724-1804)   *수학 교수*

페스탈로치(J. Pestalozzi, 1746-1827)
괴테(J. W. von Goethe, 1749-1832)

헤겔(G. Hegel, 1770-1831)
가우스(C. F. Gauss, 1777-1855)

"

칸트는 수학 교수였습니다.

"

99

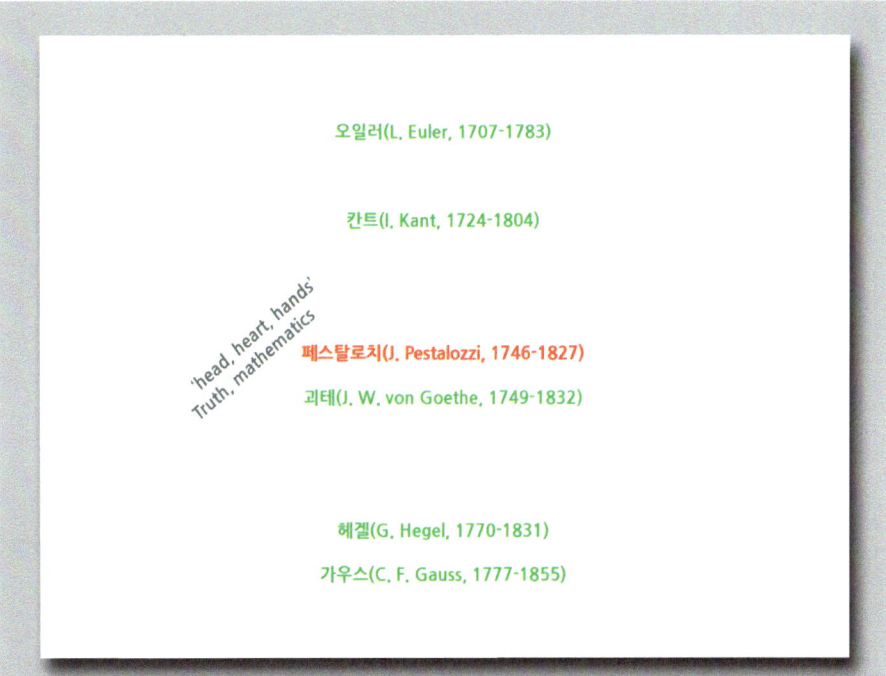

"

페스탈로치는 지성과 영성 그리고 육체 교육을 중시하였습니다.
페스탈로치는
지성과 영성 그리고 육체를 진리로 안내하는 교과로
수학을 중시하였습니다.

"

100

오일러(L. Euler, 1707-1783)

칸트(I. Kant, 1724-1804)

페스탈로치(J. Pestalozzi, 1746-1827)
괴테(J. W. von Goethe, 1749-1832)
⟨색채론 Theory of Colors⟩

헤겔(G. Hegel, 1770-1831)
가우스(C. F. Gauss, 1777-1855)

"

괴테는 수학자 뉴턴의 색채 이론을 부정하고
나름의 대안을 제시하였습니다.
뉴턴이 '틀렸다'고 규정한
괴테는 나름의 수학적 소양을 가지고 있었습니다.

"

101

"

괴테의 〈색채론〉은 한국어로 번역되어 있습니다.

"

102

오일러(L. Euler, 1707-1783)

칸트(I. Kant, 1724-1804)

페스탈로치(J. Pestalozzi, 1746-1827)
괴테(J. W. von Goethe, 1749-1832)

True Infinity:
basic concept of philosophy
K. Marx, mathematics
헤겔(G. Hegel, 1770-1831)

가우스(C. F. Gauss, 1777-1855)

"

헤겔은 무한에 주목하였습니다.
그는 '진정한 무한'이 '철학의 기본 개념'이라고 생각했습니다.
무한에 대한 진지한 접근은 수학에 의합니다.
헤겔은 수학을 깊이 이해한 사람입니다.
무한에 관한 헤겔의 수학을 이해한 사람이 칼 막스입니다.
칼 막스는 수학을 잘 이해하고 있었습니다.

"

103

"

칼 막스 자신이 수학에 관해
900쪽에 달하는 문서를 남겼습니다.

"

104

"

무한에 관한 수학인 미분학(calculus)에 관한 것입니다.

"

105

프리드리히 2세(Friedrich II, 1712-1786)

예카테리나 2세(Екатерина II, 1729-1796)

사도세자(1735-1762)

정조(正祖, 1752-1800)

나폴레옹(Napoléon Bonaparte, 1769-1821)

"

수학은
사도세자 그리고 정조와 같은 시대를 산
프러시아의 왕, 러시아와 프랑스 각각의 황제의 공통점이기도 합니다.
그들은 경쟁적으로 수학자들을 우대하였습니다.

"

106

프리드리히 2세(Friedrich II, 1712-1786)

라그랑주(Lagrange, J., 1736-1813)

예카테리나 2세(Екатерина II, 1729-1796)

나폴레옹(Napoléon Bonaparte, 1769-1821)

"

프러시아 왕 프리드리히 2세는
'유럽 최고의 군주'임을 자처하며
라그랑주를 '유럽 최고의 수학자'라고 칭하며 초청한 바 있습니다.

"

107

"

프리드리히 2세는
직접 플룻을 연주하기도 하였으며

"

108

"

바흐를 초청하기도 하였으며,
그때 바흐는 그에게 음악을 헌정하였습니다.
수학자 오일러를 베를린 과학원에 초청한 적도 있습니다.

"

109

프리드리히 2세(Friedrich II, 1712-1786)

예카테리나 2세(Екатерина II, 1729-1796)

오일러(Euler, L., 1707-1783)

나폴레옹(Napoléon Bonaparte, 1769-1821)

"

예카테리나 2세 등 러시아 황제들은
오일러를 깍듯이 대우하였습니다.
오일러가 러시아를 떠나 있을 때에도,
오일러에게 연금을 지급하며
지극한 관심을 보였습니다.
훗날, 러시아는
오일러를 기념하는 우표를 발행한 적도 있습니다.

"

110

프리드리히 2세(Friedrich II, 1712-1786)

예카테리나 2세(Екатерина II, 1729-1796)

나폴레옹(Napoléon Bonaparte, 1769-1821)

라플라스(Laplace, P. 1749-1827)

"

나폴레옹은 수학적 식견을 가진 사람이었습니다.
그는 수학자를 신뢰하여
수학자 라플라스에게 장관직을 맡기기도 하였습니다.

"

111

장조(莊祖, 1735-1762) 정조(正祖, 1752-1800)

"
사도세자와 정조도
기본적인 인식 수준에서는
그들 군주들과 크게 다르지 않았던 것 같습니다.
사도세자는 총명한 사람이었습니다.
그의 서가(書架)에는 서학에 관한 서적이 있었습니다.
그가 서학에 관심을 가졌었다고 추측할 수 있습니다.
정조는 세손 시절부터
서양의 수학과 기술에 대해 들어 알고 있었습니다.
"

112

장조(莊祖, 1735-1762)   정조(正祖, 1752-1800)

"

주자학자들이
서학(西學)을 '사학(邪學)'이라며
서학을 진지하게 궁구하는 학자들에게 큰 벌을 주라고 할 때,
정조는 '정학이 건강하며 사학은 사라진다'며
기독 신앙과 서양 수학을 접한 학자들을 옹호하였습니다.
여기서 '정학(正學)'은 주자학을 말합니다.
정조는 기독 신앙을 접한 사람들이
죽음 앞에서도 전혀 굴하지 않는 당당한 모습을 보며

"

113

> '정학(正學)이 건강하면 사학(邪學)은 사라진다.'
>
> 1791년 진산사건
>
> '이른바 서양학이란 것이 어떤 것이기에 그렇게까지 사람의 마음을 속이고 현혹시키는가?'
>
> 빌라도가 아무 효험도 없이 도리어
> 민란이 나려는 것을 보고 물을 가져다가
> 무리 앞에서 손을 씻으며(마태복음27:24)
>
> '모두가 좌상(左相)의 책임이다'

"
'이른바 서양학이란 것이 어떤 것이기에 그렇게까지
사람의 마음을 속이고 현혹시키는가?' 라고 물은 바 있습니다.
'현혹시킨다'는 표현을 사용했지만, 정조는 기독 신앙과
서양의 학문에 대해 참으로 궁금하였던 것입니다.
왕이 처한 상황이 여의치 못했을 뿐이었습니다.
정조는 서학을 학자들을 품어 보호하고 싶었습니다.
그러나 정지 현실이 심각했습니다.
예수에게 죽음을 명해야 하나 영 내키지 않던 빌라도의 심정이었을 것 같아요.
서양학에 관련된 학자들을 처리하는 일을 좌의정이던
체제공에게 일임한 것은 매우 당혹스러운 그의 심정을 짐작하게 합니다.
"

114

"

"

115

"

'숭유억불'이 조선의 기본 입장이었지만

"

116

> 숭유억불?
>
> 태조
> 세종
> 세조
> ...
>
> 명종(明宗: 재위 1545-1567) 문정왕후(文定王后):
> 서산대사 휴정, 사명대사 유정
>
> 정조: 용주사

"

조선의 여러 왕이 불교에 긍정적이었거나 적극적이었습니다.
임진왜란 등 나라가 큰 어려움에 처했을 때,
승려들의 역할은 적지 않았습니다.
정조도 아버지가 묻힌 곳 가까이에 사찰을 지어
불교에 의지하기도 하였습니다.

"

117

무유불선(巫儒佛仙): 무속신앙, 유교, 불교, 도교

풍수(風水)

*바울이 아레오바고 가운데 서서 말하되 아덴 사람들아
너희를 보니 범사에 종교성이 많도다(사도행전17:22)*

"
정조는 자신의 바람을 위해
무속신앙, 유교, 불교, 도교를 가리지 않았습니다.
그에게 풍수도 같은 맥락이었을 것입니다.
알지 못하는 신에게조차 제사를 지낼 만큼
아테네 사람들은 종교성이 많았습니다.
정조도 그랬던 것 같습니다.
우리 민족이 원래 종교성이 많은가 봅니다.
"

118

"
허탄한 가르침에 함몰되어있는 아테네에서 소크라테스는
참지식에 대하여 깊이 생각하며 많은 사람들과 대화하였습니다.
소크라테스는 신화가 아니라 철학을 강조했습니다.
참 지혜를 사랑하라고 가르쳤습니다.
그런 자세로 인해 그는 사약을 받았습니다.
풍수 등 허탄한 가르침에 묶여 있는 조선에서
홍대용은 참된 지식이 무엇인지를 알렸습니다.
그런 사람이 당시 조선에서 출세할 리 없었습니다.
"

119

"

홍대용은 말년에
거문고를 벗 삼아 지내며
조선의 상황을 안타까워하였습니다.

"

120

"

무경면적훼
부재절허예
호우시고문
청금향위란
중곡차비허

"

121

홍대용 생가 터
(충남 천안시 수신면 장사리)

"

경쟁하지 않으니 훼방 받을 일 없고
재능 없으니 헛된 명예조차 없지만
좋은 친구 수시로 찾아오고
좋은 술 나물 안주 있구나
난간에 기대어 거문고 타지만
그 누가 그 속의 슬픔을 알랴

"

122

"

그는 죽어 그의 고향에 묻혔습니다.
후대는 홍대용을 기억하고 인정하며
그의 생가터와 무덤 가까운 곳에
그의 이름을 가지는 과학관을 세웠습니다.
참 다행입니다.

"

123

"

'알지 못하는 신'에게조차 예배하는 아테네에
'참 신은 하나님'임을 알게 한 사람은 사도 바울입니다.
바울이 전한 복음은 유럽에서 뿌리를 내렸습니다.

"

124

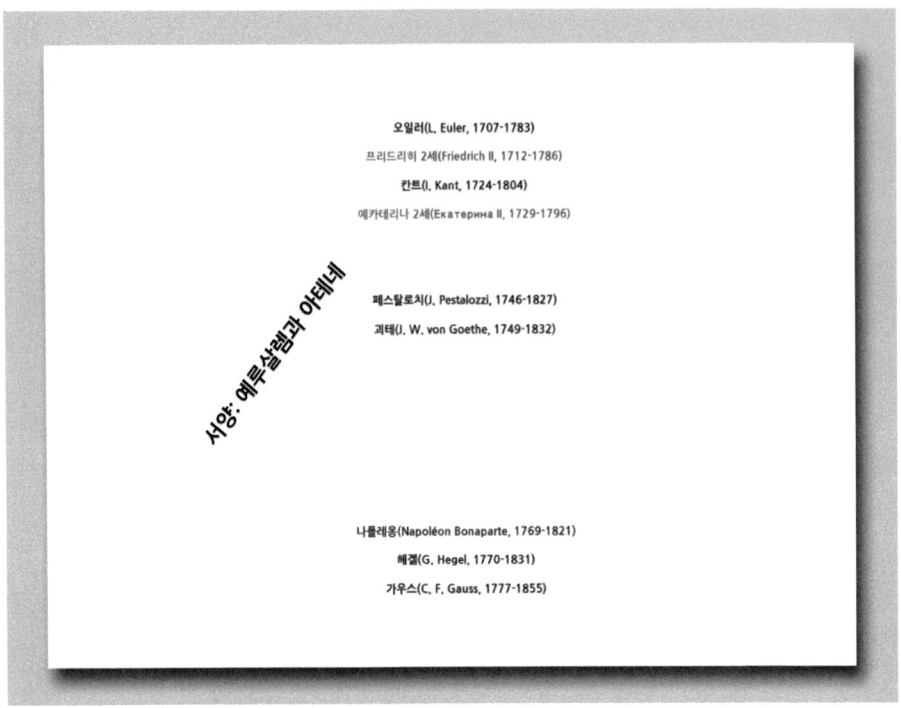

"

바울 이후, 유럽에서는
예루살렘과 아테네 전통이
때로는 부딪히고 때로는 어우러지며
예쁜 꽃을 피워 나갔습니다.
합력하여 선을 이뤄 갔습니다.

"

125

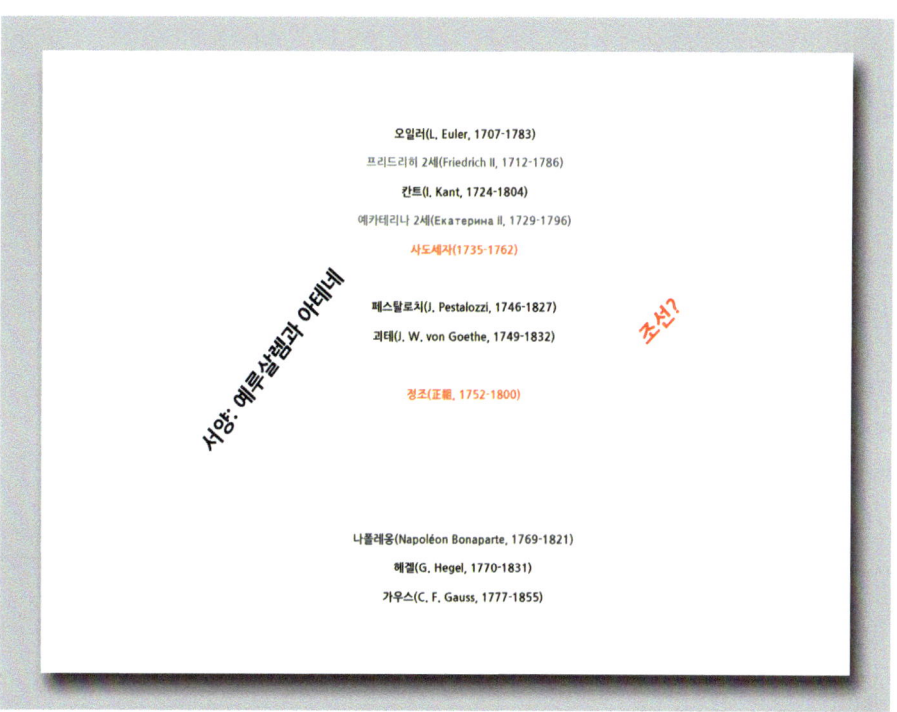

"

사도세자와 정조 시절,
조선은 어땠을까요?

"

126

"

조선에도
하나님을 만나 참 신앙을 얻은 사람이 여럿 있었습니다.
그들 중 많은 사람은 서양 수학도 진지하게 만났습니다.

"

127

오일러(L, Euler, 1707-1783)
프리드리히 2세(Friedrich II, 1712-1786)
칸트(I. Kant, 1724-1804)
에카테리나 2세(Екатерина II, 1729-1796)
사도세자(1735-1762)
이가환(1742-1801)
페스탈로치(J. Pestalozzi, 1746-1827)
괴테(J. W. von Goethe, 1749-1832)
권상연(1751-1791)
정조(正祖, 1752-1800)
이벽(1754-1786)
이승훈(1756-1801)
윤지충(1759-1791)
정약종(1760-1801)
나폴레옹(Napoléon Bonaparte, 1769-1821)
헤겔(G. Hegel, 1770-1831)
가우스(C. F. Gauss, 1777-1855)

자생(自生)

"

그들에 의해 조선에서는 기독 신앙의 교회가 자생하였습니다.
수학 학회도 자생하였습니다.
그러나 그들 모두는
그들의 신앙으로 인해 죽임을 당하거나 유배를 갔습니다.

"

128

"

그들은 죽어야 할 죄인이었고,
멸시와 천대를 받았으며,
죽임을 당하고
아무렇게나 묻혔습니다.

"

129

1779: 천진암강학회
1785: 명례방사건, 이벽 죽음
1787: 김범우 죽음, 반회사건
1789: 현륭원(융릉)
1790: 제사금지
1791: 신해박해(윤지충, 권상연, 권일신 죽음)
1800: 건릉
1801: 신유박해

"
융릉과 건릉은 이때 조성되었습니다.
그러나 당시
조선에서의 관건은
오직 풍수였습니다.
"

130

"

지금 융/건릉은 깊고

"

131

"

울창한 소나무 숲에 쌓여

"

132

"

왕릉으로서 세계의 유산이 되어 있습니다.

"

133

"

참으로 평온해 보입니다.
융/건릉에는 여러 이야기가 배어있습니다.
어두운 이야기, 아픈 이야기,
슬픈 이야기, 안타까운 이야기가 참 많습니다.
그러나 그 모든 이야기도 다 묻혔습니다.

"

134

> 우리가 알거니와 하나님을 사랑하는 자
> 곧 그 뜻대로 부르심을 입은 자들에게는
> **모든 것이 합력하여 선을** 이루느니라(로마서8:28)

"

우리가 알거니와 하나님을 사랑하는 자
곧 그 뜻대로 부르심을 입은 자들에게는
모든 것이 합력하여 선을 이루느니라(로마서8:28)

그 모든 것이 합력하여 선을 이루게 하셨습니다.

"

135

우리가 알거니와 하나님을 사랑하는 자
곧 그 뜻대로 부르심을 입은 자들에게는
모든 것이 합력하여 선을 이루느니라(로마서8:28)

"
그런데
'모든 것이 합력하여 선'을 이루게 한
'하나님을 사랑하는 자 곧 그 뜻대로 부르심을 입은 자들'은
누구일까요?
풍수에 의지하던 사람들은 아닐 것 같아요.
'이 신앙이 소선의 길이냐'
'이 학문이 참 학문이다'며 확신하다가
죽임을 당한 그들이 아닐까요?
"

화성: 군주의 꿈

1

예루살렘과 아테네의 대화

"

"

2

화성(華城): 군주(君主)의 꿈

"

오늘의 주제입니다.

"

3

"

수원 화성은
화성시에 있지 않고 수원시에 있습니다.
지난 시간에 다녀온 융/건릉의 동북 방향으로
약 이 삼십 리 거리에 있습니다.

"

4

"

"

5

> 1779: 천진암강학회
> 1785: 명례방사건, **이벽 죽음**
> 1787: **김범우 죽음**, 반회사건
> 1789: 현륭원(顯隆園)
> 1790: 제사금지
> 1791: 기해박해(**윤지충, 권상연, 권일신 죽음**)
> 1794: 화성 성축 시작
> 1795: 주문모 신부 입국
>   혜경궁 홍씨 회갑연
> 1796: 화성 완공

"

정조 치세였던 18세기 후반,
조선은 우울하였습니다.
아까운 인재들이 죽음에 내몰렸습니다.
기독 신앙 때문이었습니다.

"

6

1779: 천진암강학회
1785: 명례방사건, 이벽 죽음
1787: 김범우 죽음, 반회사건
1789: **현륭원(顯隆園)**
1790: 제사금지
1791: 기해박해(윤지충, 권상연, 권일신 죽음)
1794: 화성 성축 시작
1795: 주문모 신부 입국
　　　 혜경궁 홍씨 회갑연
1796: 화성 완공

"

정조는 사도세자의 무덤을
지금의 자리로 이장하였습니다.
정조는 기독 신앙과 수학 등 서양 전통에 비교적 관대하였으나
현륭원 조성에서 그가 기댄 것은 풍수였습니다.

"

7

1779: 천진암강학회
1785: 명례방사건, 이벽 죽음
1787: 김범우 죽음, 반회사건
1789: 현륭원(顯隆園)
1790: 제사금지
1791: 기해박해(윤지충, 권상연, 권일신 죽음)
1794: 화성 성축 시작
1795: 주문모 신부 입국
혜경궁 홍씨 회갑연
1796: 화성 완공

'군주의 꿈'

"

정조는 수원에 화성을 성축하며
나라의 분위기를 쇄신하고 싶었습니다.
화성 성축은 '군주의 꿈'이었습니다.

"

8

"

"

9

> 정조(正祖, 1752-1800)
>
> 채제공(蔡濟恭, 1720-1799): 우의정
> 조심태(趙心泰, 1740-1799): 수원유수
> 이가환(李家煥, 1742-1801): 공조판서
> 정약용(丁若鏞, 1762-1839): 병조참의(兵曹參議)

"

화성을 성축함에 정조는
채제공, 조심태, 이가환, 정약용에게 큰 역할을 맡겼습니다.

"

10

정조(正祖, 1752-1800)

"남인(南人)"
채제공(蔡濟恭, 1720-1799): 우의정
조심태(趙心泰, 1740-1799): 수원유수
이가환(李家煥, 1742-1801): 공조판서
정약용(丁若鏞, 1762-1839): 병조참의(兵曹參議)

"

채제공은 조선 역사에서 명재상 중 하나로 기억되는 사람입니다. 실학과 서학(西學)에 우호적인 남인(南人) 출신입니다.

"

11

정조(正祖, 1752-1800)

"현륭원 이장"
채제공(蔡濟恭, 1720-1799): 우의정
조심태(趙心泰, 1740-1799): 수원유수
이가환(李家煥, 1742-1801): 공조판서
정약용(丁若鏞, 1762-1839): 병조참의(兵曹參議)

"

조심태는 정조의 맘을 헤아려
민감한 정치 문제였던 '현륭원 이장'을 지휘한 사람입니다.

"

12

정조(正祖, 1752-1800)

채제공(蔡濟恭, 1720-1799): 우의정
조심태(趙心泰, 1740-1799): 수원유수
<기하원본> 이가환(李家煥, 1742-1801): 공조판서
정약용(丁若鏞, 1762-1839): 병조참의(兵曹參議)

"

이가환은 서양의 수학 〈기하원본〉을 제대로 이해한
조선 유일의 사람이며,

"

13

정조(正祖, 1752-1800)

채제공(蔡濟恭, 1720-1799): 우의정
조심태(趙心泰, 1740-1799): 수원유수
이가환(李家煥, 1742-1801): 공조판서
정약용(丁若鏞, 1762-1839): 병조참의(兵曹參議)

"

정3품의 높은 지위를 받은 30대 초반의 정약용은
성축의 실무 책임자였습니다.

"

14

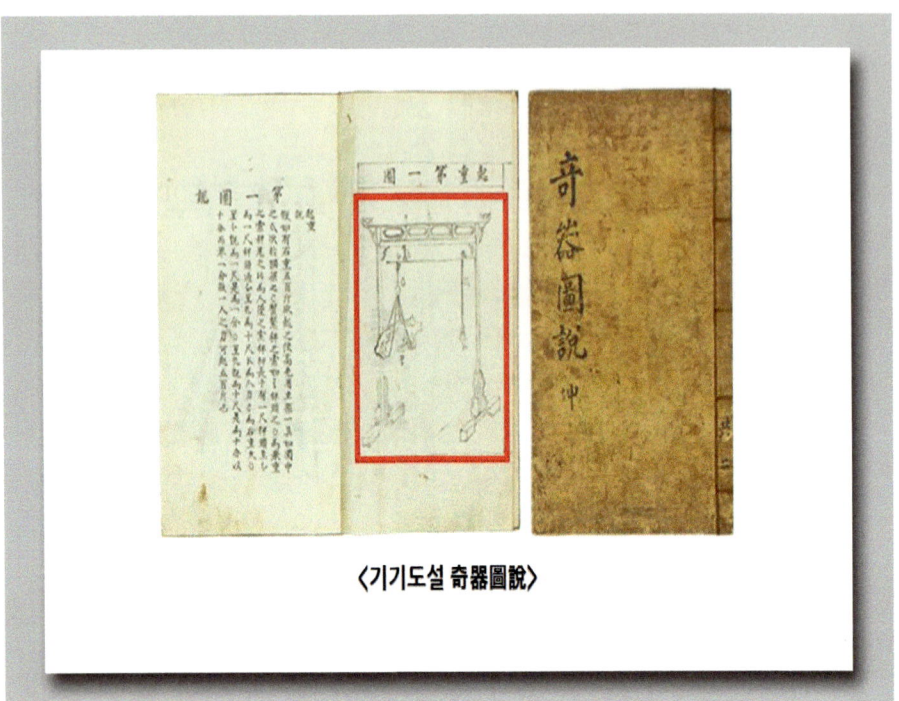

〈기기도설 奇器圖說〉

"

정약용은 〈기기도설〉을 하사받았습니다.
수학과 과학에 기반을 두는

"

15

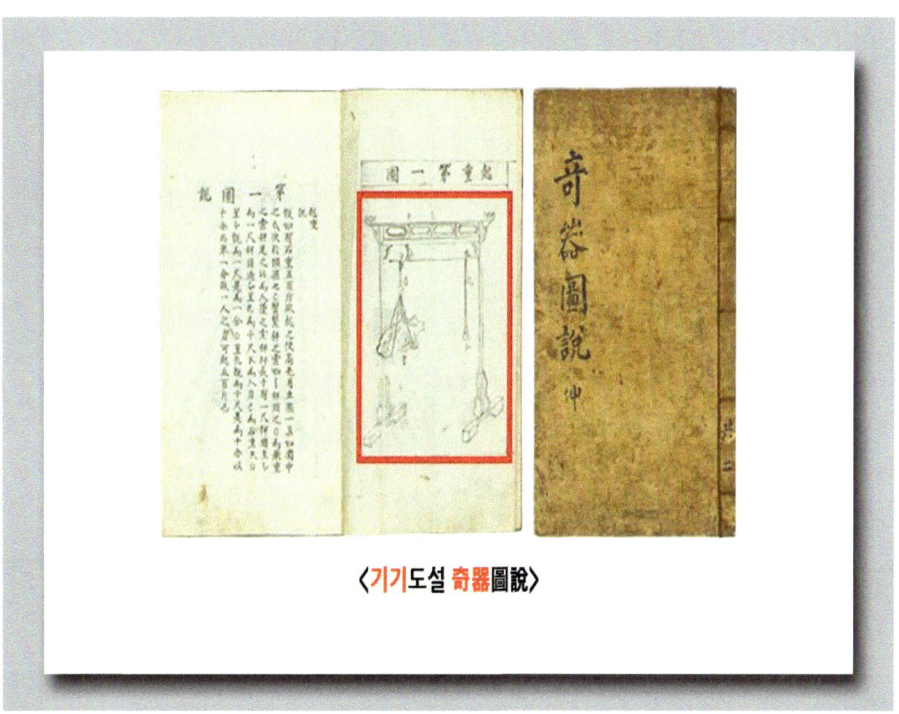

〈기기도설 奇器圖說〉

"

'기이한 기계'에 관한 책이었습니다.
서양의 기술을 소개한 책입니다.
정약용이 진즉 접한 바 있는
서양 수학 〈기하원본〉 등에 관한 수학적 식견은

"

16

"

화성의 설계와 건축 장비 제작에 큰 도움이 되었을 것입니다.
거중기는 지레의 원리에 따릅니다.

"

17

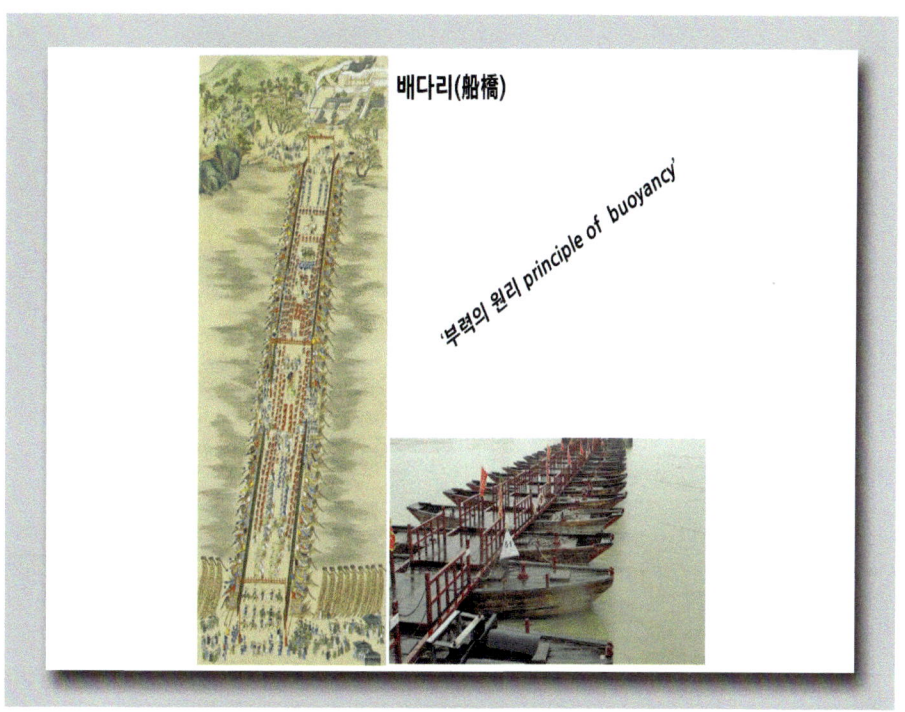

"

정조가 한강을 건널 때 사용된 배다리는 부력의 원리에 따릅니다.

"

18

서양의 수학, 과학, 기술

"

화성에는 서양의 수학, 과학, 기술이 있습니다.

"

19

"

화성에도 풍수가 깊이 스몄습니다.

"

20

"

행궁은

"

21

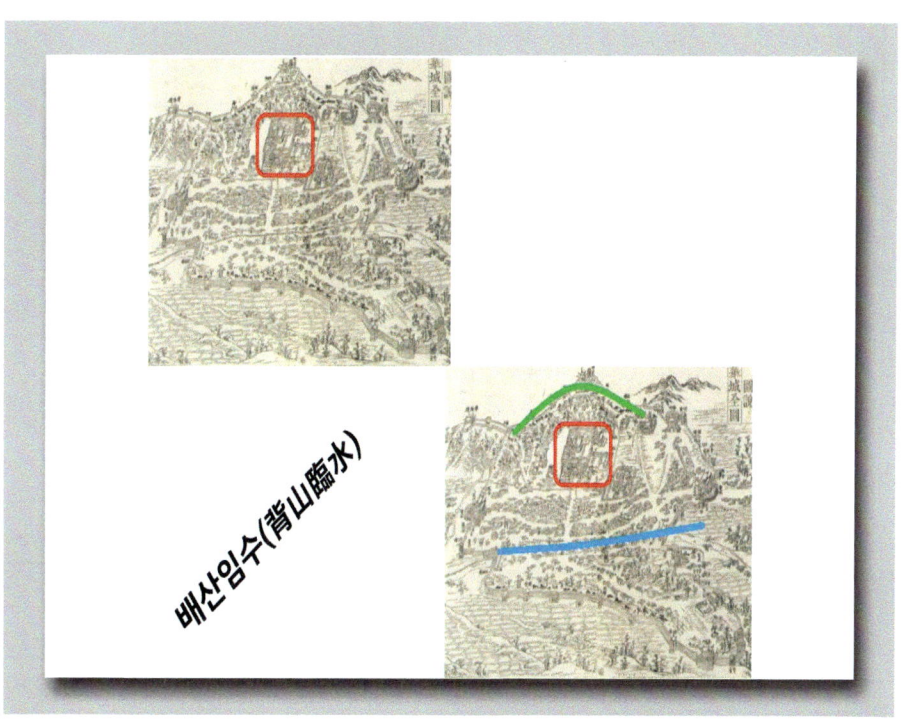

"

배산임수의 자리에 지어졌습니다.
(녹색 부분을 가리키며)
배산,
(청색 부분을 가리키며)
임수입니다.

"

22

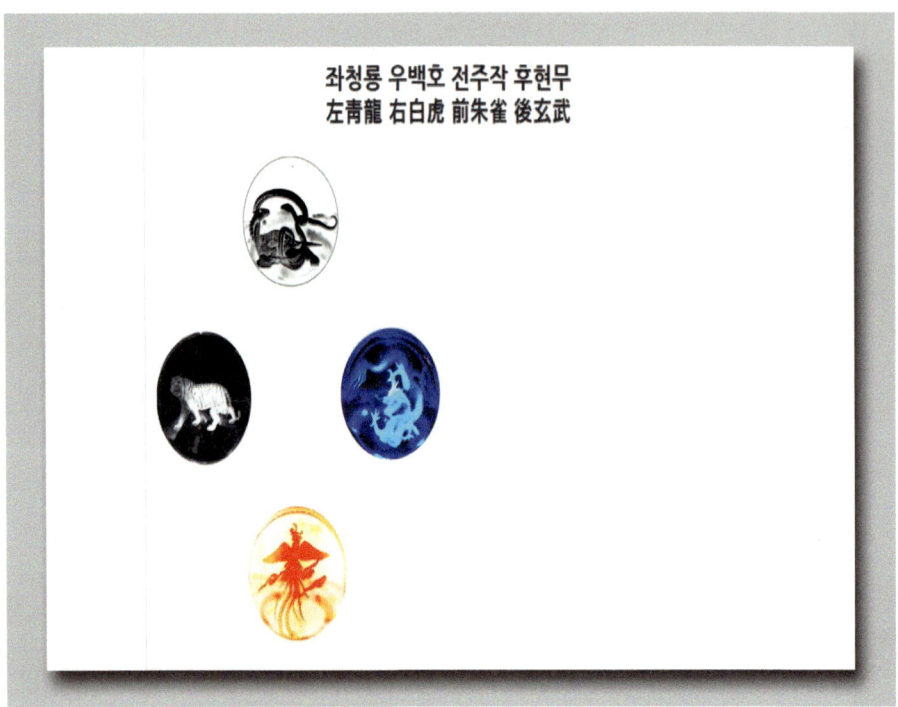

"

화성은
'좌청룡 우백호 전주작 후현무(左靑龍 右白虎 前朱雀 後玄武)'
형세라고 여겨졌습니다.
(아래 왼쪽 그림을 가리키며)
이 형세입니다. 좌청룡 우백호 전주작 후현무.
좌우, 즉 청룡과 백호의 위치가 바뀐 것 같은가요?
아닙니다. 좌/우 방향은 내가 아니라

"

23

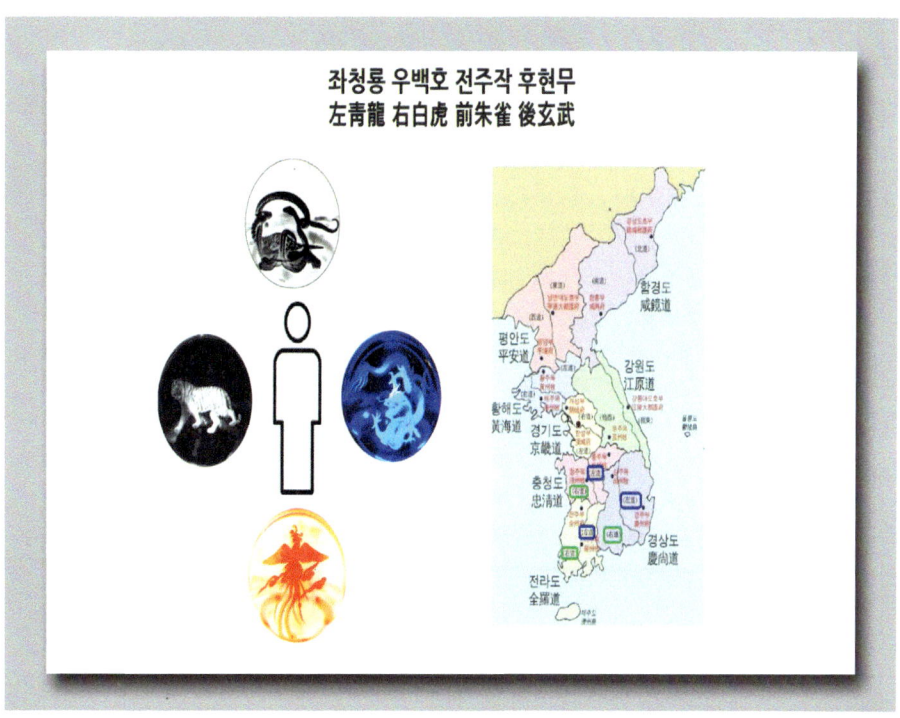

"

나를 대하고 있는 상대방의 입장에서 결정됩니다.
조선시대 행정 구역 명칭에서도 그랬습니다.
(지도에서 해당 지역을 각각 가리키며)
내가 보기에 오른쪽이 '좌도'이지만,
한반도 스스로가 보기엔 '우도'이고,
내가 보기에 왼쪽이 '우도'이지만,
한반도 스스로가 보기엔 '좌도'입니다.

"

24

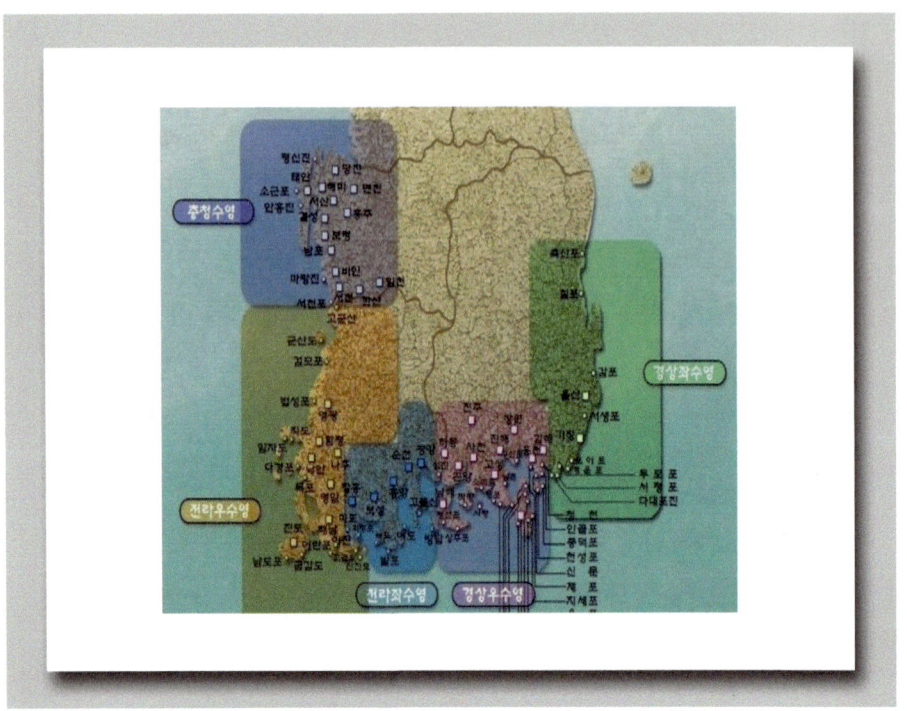

"

조선시대 수군 군영 명칭에서도 그랬습니다.
내가 보기에 오른쪽이 '좌수영'이고,
내가 보기에 왼쪽이 '우수영'입니다.

"

25

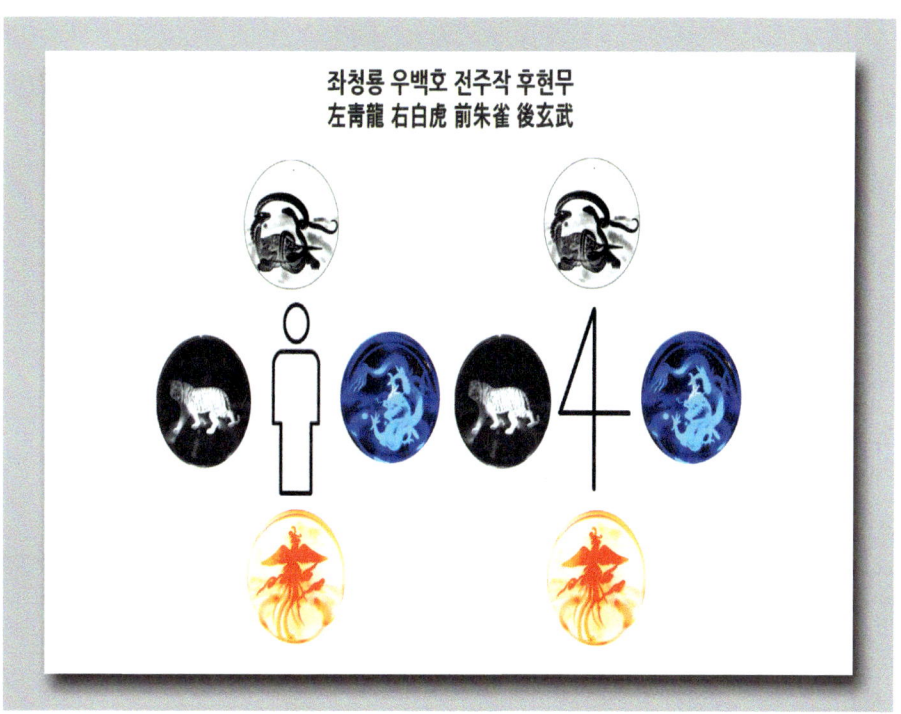

"

그래서 동쪽에 청룡이 있고,
서쪽에 백호가 있습니다.

"

26

左青: 東

"

화성에는 지금도
동, 서, 남, 북 각각의 방향에 따라
동쪽엔 청색,

"

27

右白: 西

"

서쪽엔 백색,

"

28

前朱: 南

"

남쪽엔 적색,

"

29

後玄: 北

"

북쪽엔 흑색의 깃발이 세워져 있습니다.
이 깃발들 각각은
행궁의 동, 서, 남, 북을 지키는
청룡, 백호, 주작, 현무입니다.

"

30

"五方色"

"
(왼쪽 그림을 가리키며)
동, 서, 남, 북 각각이 각자의 색을 가지듯
중앙도 색을 가집니다,
(오른쪽 그림을 가리키며)
황색입니다.
이 다섯 색이 '오방색'입니다.
다섯 방향 각각을 나타내는 다섯 색입니다.
화성의 가운데에 행궁이 있고, 왕이 머무는 그곳에서는
"

31

"

황금색이 주를 이룹니다.

"

32

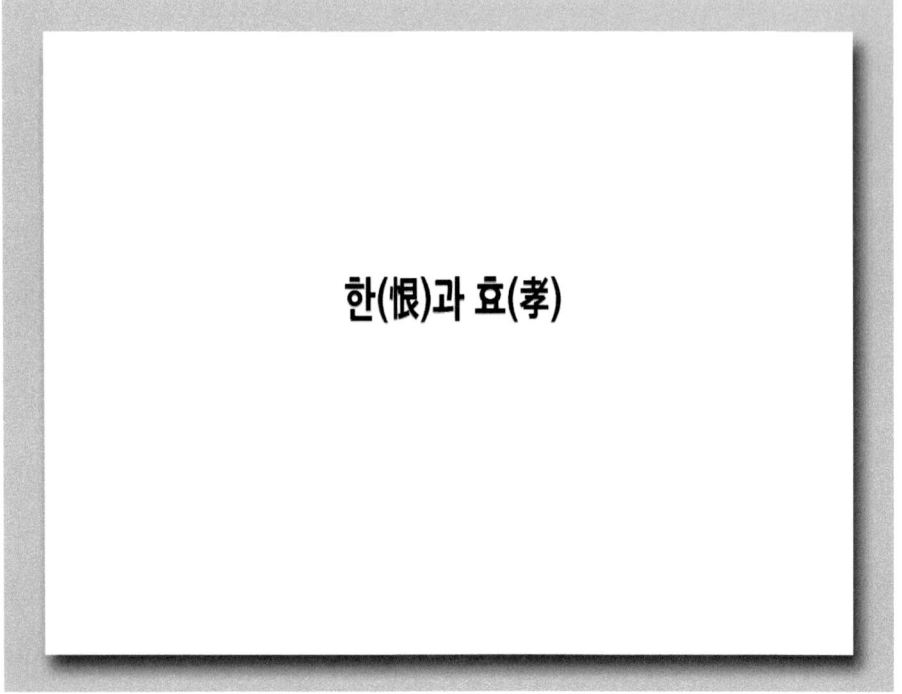

"

화성에는 아들의 한과 효도 서려 있습니다.

"

33

"

정조가 수원 행궁에 오면
방화수류정에 올라

"

34

"

서남쪽 방향에 있는
아버지의 묘를 바라보며
가슴에 맺힌 한(恨)을 달랬습니다.

"

35

"

행궁에 있는 봉수당은

"

36

"

왕이 많은 무리를 대동하고,
한양을 떠나 한강을 건너
화성에 와서

"

37

"

어머니의 환갑잔치를 열었던 곳입니다.
어머니를 향한 아들의 효(孝)였습니다.
혜경궁 홍씨는 남편의 끔찍한 죽음을 목도하였습니다.
열 살이나 어린 여인이
왕인 아들과 매우 불편한 관계를 유지하며
대왕대비의 자리에 있었습니다.

"

38

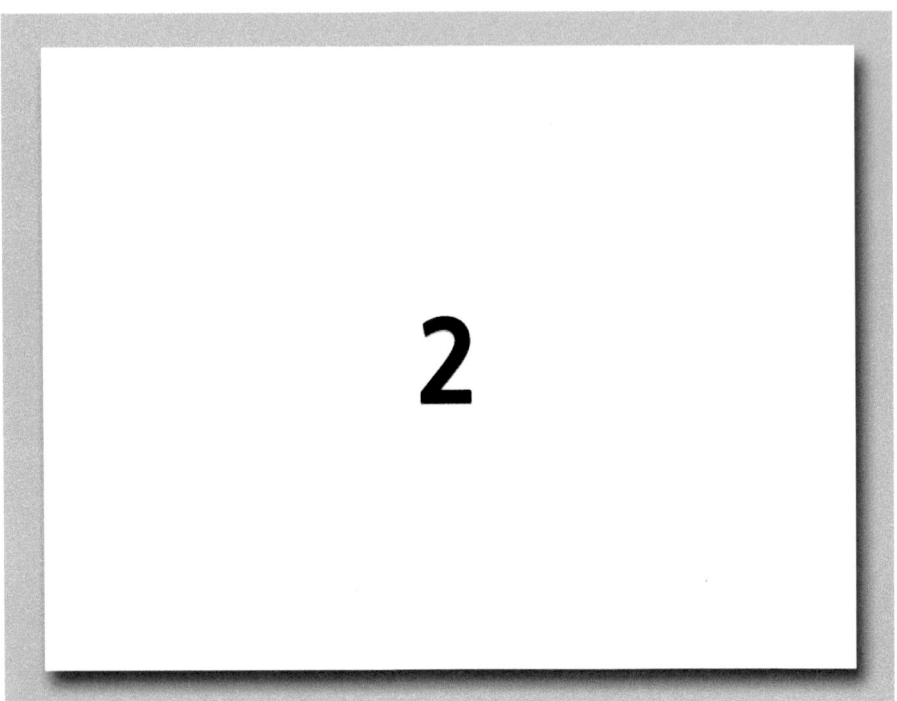

"

"

39

**1770년대 말
자생한 조선교회**

"

1770년대 말에 자생한 조선교회는

"

40

> 1770년대 말
> 자생한 조선교회
>
> 1785년 즈음
> 약 1,000명
>
> 신부(神父)

"

1785년 즈음에는
약 1,000명의 신자를 가질 정도로 성장했습니다.
놀랍지 않습니까?
신부, 즉 성직자는 한 명도 없는 교회입니다.
천주교 교리에 의하며
신부가 없으면 세례는 물론이거니와 죄사함도 받을 수 없습니다.
조선교회에 신부가 요구되었습니다.

"

41

1786: "가성직제도(假聖職制度)"

"

조선교회는 '가성직제도'를 운영하여 자기들이

"

42

> "신부 10인"
>
> 이승훈, 권일신,
>
> 이존창, 유항검,
>
> 최창현, 홍낙민,
>
> ...
>
> 1786: "가성직제도(假聖職制度)"

"
학문과 신앙이 깊은 사람 열 명을 신부로 세워
세례(洗禮)와 고해(告解) 등에 관한
성무(聖務)를 감당하게 하였습니다.
이승훈, 권일신, 이존창, 유항검, 최창현, 홍낙민 등입니다.
참으로 어처구니없는 일이었습니다.
성직을 모독하는 독성죄(瀆聖罪)에 해당하지만
당시의 조선교회는 그 교리를 알지 못하고 있었습니다.
오직 열정이었습니다.
"

43

~~가성직~~제도

1790: "가성직제도" 폐지

1790: 약 3,000명

신부 영입

"
얼마 지나지 않아 조선교회 스스로
'가성직제도'가 교리상 잘못임을 알았습니다.
조선교회는 당시 조선교회를 관할하던 청나라 북경교구에 문의하여
가성직제도가 큰 잘못임을 확인하고 곧바로 폐지하였습니다.
1790년이었습니다. 그즈음, 조선교회는 신자 수 3000명 정도로 더 성장했습니다.
그러나 신부는 한 명도 없었습니다. 참으로 기막힌 교회의 모습입니다.
조선교회는 모든 역량을 결집하여 신부 영입을 추진하였습니다.
이를 위해 조선교회는 북경교구를 통해 교황청에
신부 파견을 절실하게 요구하였습니다.
"

44

"
이윽고 주문모 신부가 입국합니다.
조선의 분위기가 엄정한 때라서 조선인을 닮은 중국인 신부가
은밀하게 파견된 것입니다. 그런데 이 사실은 조정에 곧 알려졌고,
주문모 신부의 입국에 적극적으로 관여한 세 명은 그 해 죽임을 당합니다.
주문모 신부의 입국 경위와 신부의 소재를 파악하기 위한 참혹한 고문에
세 명은 입을 열지 않음으로 세 명 모두 순교하였습니다.
오직 고문으로 하루 사이에 죽은 것입니다.
얼마나 고통스러웠겠습니까?
"

45

> "
> 그중에서 윤유일은 1790년 북경에 가서
> 세례를 받았으며, '가성직제도'가 잘못이며
> 조선에서 제사를 폐지하라는 북경 교구장의 말을 듣고
> 조선교회에 전한 사람입니다.
> 주문모 신부는 입국 직후, 몸을 숨겼습니다.
> 이 과정에서 정약용의 도움이 컸습니다.
> 당시 정약용은
> 조선교회와 조정의 정세 모두에 밝았기 때문입니다.
> "

46

> 정약용
>
> 1795: "금정찰방(金井察訪)"
>
> 금정역(金井驛)

"
그러나 정약용은
주문모 신부의 입국과 연계되어 금정찰방으로 좌천되었습니다.
금정역은 지금의 충청북도 청양 지역에 있었습니다.
정약용에게 '3품'의 품계가 '6품'으로 내려간 것은 문제일 수 없었습니다.
정약용은 기독 신앙인들이 이곳저곳 깊은 산골에 숨어 살던 여기서
그가 살 수 있는 뭔가를 해야 했습니다.
정약용의 기독 신앙에 대한 자세가 크게 변했습니다.
이때부터의 정약용의 모습에 관한 견해는 크게 둘로 나뉩니다.
"

47

박 아무개(기독 신앙인)　　　정 아무개(기독 신앙인)

"

한쪽은 박 아무개가 주도하고,
다른 쪽은 정 아무개가 주도합니다.
박 아무개는 가톨릭 신앙인이 아니고,
정 아무개는 가돌릭 신앙인입니다.

"

48

박 아무개(기독 ~~신앙인~~)   정 아무개(기독 신앙인)

"큰 학자"   "큰 학자"

30대 후반(1801년): 유배
40대 이후: 학문

"신~~앙~~인"   "신앙인"

"성현(聖賢)"   "성현(~~聖賢~~)"

"

박 아무개와 정 아무개 모두는 정약용을 '큰 학자'로 인정합니다.
정약용의 학문은 신유박해 이후,
즉 40대 이후의 긴 유배 기간에 쌓인 것입니다.
유배 이전에는 정약용이 '큰 학자'는 아니었습니다.
박 아무개는 1795년 이후의 정약용은 '신앙인'이 아니었다고 여깁니다.
정약용이 신앙을 철저히 버렸다는 것입니다.
박 아무개는 기독 신앙을 버린 정약용을 다시 유교에 천착하여 큰 학자가 되고
많은 저술을 남긴 '성현'으로 여깁니다.
정약용을 우리와는 다른 '특별한' 사람으로 여기는 것입니다.

"

49

```
박 아무개(기독 ~~신앙인~~)        정 아무개(기독 신앙인)

        "큰 학자"                    "큰 학자"

            30대 후반(1801년): 유배
            40대 이후: 학문

        "~~신앙인~~"                  "신앙인"

        "성현(聖賢)"                 "성현(~~聖賢~~)"
```

"
그러나 정 아무개는 정약용이 여전히 '신앙인'이었다고 말합니다.
정약용은 살기 위해
서양의 가르침은 '학문의 대상이었지 결코 신앙은 아니었다'고 하며
살아남기 위한 행동을 했을 뿐이라는 것입니다.
정약용을 '성현'이 아닌 우리처럼
때로는 매우 약한 사람으로 보는 것입니다.
두 입장의 차이가 크죠?
좀 더 자세히 살펴봅시다.
"

50

정조 사망(1800)

신유박해(1801)

"

정조의 사망과
곧 이어진 신유박해는 참으로 참혹했습니다.

"

51

...

권철신(1736-1801)
이가환(1742-1801)
홍낙민(1751-1801)
이존창(1752-1801)
유항검(1756-1801)
이승훈(1756-1801)
최창현(1759-1801)
정약종(1760-1801)
윤지헌(1764-1801)
유중철(1779-1801)
이순이(1782-1801)

...

"

신유박해 때,
아까운 사람들이 숱하게 죽었습니다.
'가성직제도'에서 신부로 활동하던

"

52

```
...
권철신(1736-1801)
이가환(1742-1801)
홍낙민(1751-1801)
이존창(1752-1801)              "신부 10인"
유항검(1756-1801)          이승훈, 권일신,
권일신(1742-1791)  이승훈(1756-1801)  이존창, 유항검,
최창현(1759-1801)           최창현, 홍낙민,
정약종(1760-1801)               ...
윤지헌(1764-1801)
유중철(1779-1801)
이순이(1782-1801)
...
```

"

홍낙민, 이존창, 유항검, 이승훈, 최창현이 이때 순교하였습니다. 권일신은 신해박해 때 이미 순교한 바 있습니다.

"

53

> 정약용
>
> 암행어사
>
> 기독 신앙
>
> 혈연, 지연, 학연, 정파

"
신유박해의 칼끝은 정약용을 정조준하였습니다.
정약용은 왕의 총애를 받던 젊은 이로써 질투의 대상이었습니다.
정약용은 암행어사 시절,
여러 사람의 잘못을 지적하여 벌을 받게 한 바가 있습니다.
정약용에게 복수할 기회를 기다리던 사람이 여럿 있었다는 말입니다.
이런 상황에서 결정적인 것은 그가 기독 신앙인이있다는 사실이었습니다.
정약용은 당시 조선교회를 이끌던 대부분의 사람과
혈연, 지연, 학연, 그리고 정파 등에서 자유로울 수 없었습니다.
"

54

정약용: 천주교도를 체포해 신문하는 방법 제시

이존창 체포, 황새바위(충남 공주) 순교(1801)

최창현(崔昌顯, 1759-1801) 고발

최창현: "지난날, 천주를 배반한 일을 뉘우친다.
이제 천주를 위해 기쁘게 죽겠다."

정약용: 1801년 유배(전라도 강진)

정약전: 1801년 유배(전라 흑산도)

"

'금정찰방'으로의 좌천 이후, 정약용은
기독 신자를 체포하고 신문하는 방법을 관가에 제시하고,
'내포의 사도'라 불리며 '가성직제도'에서 신부로 활동하던
이존창을 직접 체포하더니,
최창현을 고발하여 체포되게 하였습니다.

"

55

"신부 10인"

이승훈, 권일신,

이존창, 유항검,

최창현, 홍낙민,

?

1786: 가성직제도(假聖職制度)

"

최창현은 하나님을 위해 기쁘게 순교하였고,
이존창도 공주에 있는 황새바위에서 순교하였습니다.
정약용은 가까스로 목숨을 구하고 전라도 강진으로 유배되었습니다.
정약용의 형 정약전은 전라 흑산도로 유배되었습니다.
이 모두가 1801년 신유박해 때였습니다.

"

56

> "신부 10인"
>
> 이승훈, 권일신,
>
> 이존창, 유항검,
>
> 최창현, 홍낙민,
>
> **?**
>
> 1786: 가성직제도(假聖職制度)

"

1786년에 시행된 '가성직제도'에서
'신부 10인'이라는데
알려진 여섯 명 외는 누구일까요?

"

57

```
정약용(丁若鏞, 1762-1836)        정 아무개

                      "총명한 젊은이"

                        "신앙인"

                    "10인의 신부 중 하나"

                      "배교자(背敎者)"

                                         "정약전과 정약용은 신부였다."
                        "큰 학자"              〈조선복음전래사(朝鮮福音傳來史)〉
```

"
정약용을 '총명한 젊은이'였고, 끝까지 '신앙인'이었으며,
훗날 '큰 학자'가 되었다고 여기는 정 아무개는
정약용이 '10인의 신부 중 하나'였다고 주장합니다.
'정약용과 그의 형 정약전은 신부였다'는 것입니다.
조선교회 초기 역사는 〈조선복음전래사〉에 크게 의존하는데
이 책은 정약용의 저술이고, 정약용은 자신이 신부였다는 사실은 물론이거니와
그와 기독 신앙과의 관련을 애써 감췄다고 정 아무개는 주장합니다.
본 강연자는 그의 주장에 동의합니다.
그러나 저는 정약용을 '배교자'라고
"

58

정약용(丁若鏞, 1762-1836)

정 아무개

"총명한 젊은이"

"신앙인"

"10인의 신부 중 하나"

"배교자(背敎者)" ❌

"큰 학자"

사람이 마음으로 믿어 의에 이르고 입으로
시인하여 구원에 이르느니라(로마서 10:10)

"정약전과 정약용은 신부였다."
《조선복음전래사(朝鮮福音來史)》

"
부르지는 않겠습니다.
마음으로 믿어 의에 이르고 입으로 시인하여 구원에 이른 사람은
결코 배교할 수 없다고 생각하기 때문입니다.
정약용은 우리와 같은 사람으로서
'죽음을 두려워하고, 가족과 가정 그리고 가문을 염려하는 사람'
이었다고 생각합니다.
"

59

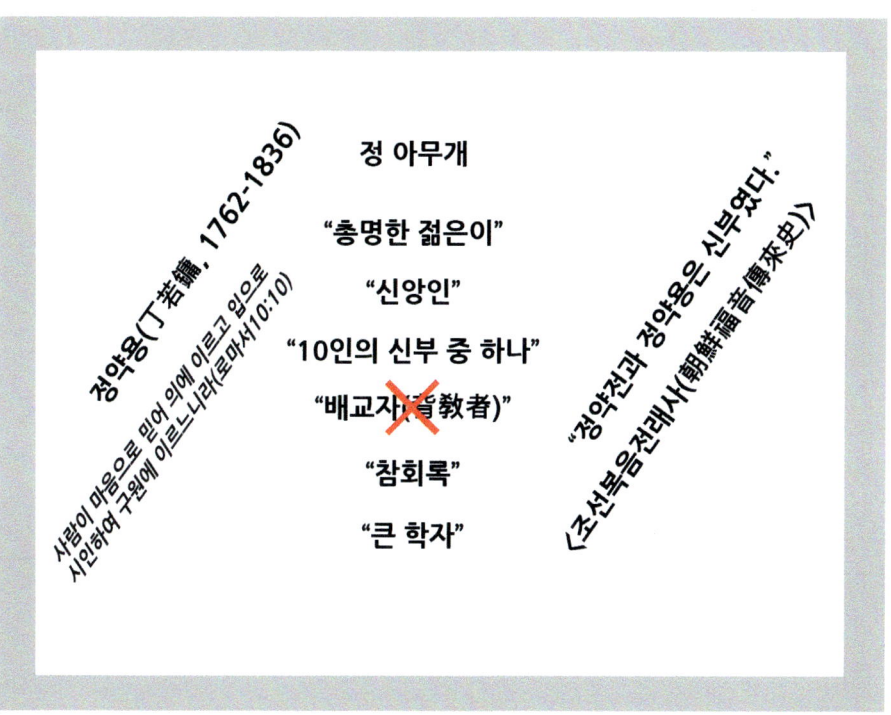

"

그렇다면
20년 가까운 유배 기간에 쌓인 그의 넓고 깊은 학문은,
기독 신앙을 분명하고 강하게 부정한 후,
그에 상응하는 행동을 적극적으로 보인 후 생명을 건진
그의 '참회록'일 것입니다.

"

60

"

"

61

동장대(東將臺), 연무대(鍊武臺)

"

화성에는 동장대가 있습니다.
병사를 훈련하던 '연무대'입니다.

"

62

"

동장대에서 가까운 곳에 '수문규칙' 하나가 걸려 있습니다.

"

63

"癸丑"

"

(글자 '癸丑'을 가리키며)
이 해에 걸린 것이군요.
그런데 저에게는
(글자 '癸丑'을 가리키며)
이 글자를 읽기도 쉽지 않습니다.
(글자 '丑'을 가리키며)
설마 '표'는 아니겠죠?

"

64

癸
丑

갑 을 병 정 무 기 경 신 임 계
甲 乙 丙 丁 戊 己 庚 辛 壬 癸
자 축 인 묘 진 사 오 미 신 유 술 해
子 丑 寅 卯 辰 巳 午 未 申 酉 戌 亥

"

십간/십이지 표를 찾아보니

"

65

癸
丑

갑 을 병 정 무 기 경 신 임 **계**

甲 乙 丙 丁 戊 己 庚 辛 壬 **癸**

자 **축** 인 묘 진 사 오 미 신 유 술 해

子 **丑** 寅 卯 辰 巳 午 未 申 酉 戌 亥

"계축"
????년

"

'계축'이군요.
그런데 이 계축년은 몇 년을 말하는 거죠?
조선 역사에서 계축년이 여덟 또는 아홉 차례나 있었을 텐데 말입니다.

"

화성: 군주의 꿈 213

66

갑	을	병	정	무	기	경	신	임	계
甲	乙	丙	丁	戊	己	庚	辛	壬	癸
4	5	6	7	8	9	0	1	2	3

자	축	인	묘	진	사	오	미	신	유	술	해
子	丑	寅	卯	辰	巳	午	未	申	酉	戌	亥
4	5	6	7	8	9	10	11	0	1	2	3
쥐	소	호랑이	토끼	용	뱀	말	양	원숭이	닭	개	돼지

2022년 임인

"

2022년이 '임인년'임을 알기는 쉽습니다.
지난 강연에서 설명했죠?

"

67

갑	을	병	정	무	기	경	신	임	계
甲	乙	丙	丁	戊	己	庚	辛	壬	癸
4	5	6	7	8	9	0	1	2	3

자	축	인	묘	진	사	오	미	신	유	술	해
子	丑	寅	卯	辰	巳	午	未	申	酉	戌	亥
4	5	6	7	8	9	10	11	0	1	2	3
쥐	소	호랑이	토끼	용	뱀	말	양	원숭이	닭	개	돼지

2022년 임

"

끝자리 숫자가 '2'이니 '임'으로 시작하고

"

68

갑	을	병	정	무	기	경	신	임	계
甲	乙	丙	丁	戊	己	庚	辛	壬	癸
4	5	6	7	8	9	0	1	2	3

자	축	인	묘	진	사	오	미	신	유	술	해
子	丑	寅	卯	辰	巳	午	未	申	酉	戌	亥
4	5	6	7	8	9	10	11	0	1	2	3
쥐	소	호랑이	토끼	용	뱀	말	양	원숭이	닭	개	돼지

2022년 임인

$2022 = 12 \times 168 + 6$

癸丑 = ????

"임인년 오송 강연"

"
2022를 12로 나누면 나머지가 6이므로 '인'으로 끝납니다.
그런데 반대 방향 계산은 수고를 더 해야 합니다.
예를 들어, 우리의 이 모임이 200년 후까지 기록에 남을 때, 그때
'임인년 오송 강연'이 '2022년'에 있었다는 것을
간단하게 알 수는 없을 거라는 말입니다.
여러 가지를 살펴야 하기 때문입니다.
수문규칙을 게시한 '계축'년이 몇 년도인지 알기 위해서는
이것저것 더 살펴야 합니다.
먼저, 예를 듭시다.
"

69

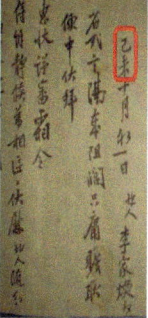

이가환 간찰

'기미'

1919년 '삼일운동'

이가환(1742-1801)

1919 − 180 = 1799

"

(그림을 가리키며)
이가환의 이 편지는 '기미'년에 쓰였습니다.
몇 년일까요?
삼일운동이 1919년 기미년에 일어났고,
이가환은 1742년부터 1801년까지 살았으니,
이 편지는 1799년에 쓰인 것임을 알 수 있습니다.
1919−180=1799이기 때문입니다.
'3·1독립선언서'가 낭독된 때의 세 환갑 전입니다.

"

70

갑	을	병	정	무	기	경	신	임	**계**
甲	乙	丙	丁	戊	己	庚	辛	壬	**癸**
4	5	6	7	8	9	0	1	2	**3**

자	축	인	묘	진	사	오	미	신	유	술	해
子	丑	寅	卯	辰	巳	午	未	申	酉	戌	亥
4	5	6	7	8	9	10	11	0	1	2	3

채제공(蔡濟恭, 1720-1799)   "계축"   1791: 신해박해

???3   17?3   1793?

"
계축년은 '계'로 시작하니 끝자리 수는 3입니다.
채제공은 1720부터 1799년까지 살았으니
수문규칙을 게시한 해는 '17?3'년임을 알 수 있습니다.
이제 십의 자릿수만 알면 되겠네요.
채제공의 생몰 연도에 의해 1793이 아닐까요?
채제공이 수원 유수일 때, 그의 품계는 정승반열이었기 때문입니다.
그 높은 자리는 나이가 지긋해서야 이르지 않았을까요?
그러나 수학은 추측이 아닙니다. 확증을 제시하여야 합니다.
1791년에 신해박해가 일어났습니다.
"

71

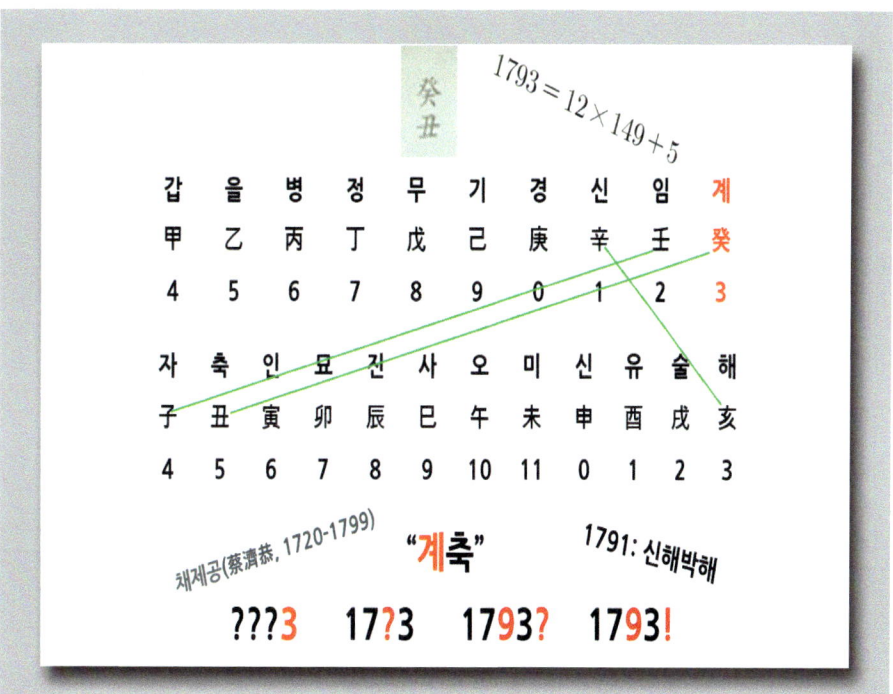

"

(그림을 가리키며)
1792년은 임자, 1793년은 계축입니다.
1793년은 정답입니다.
검산도 해 봅시다.
1793을 12로 나누면 나머지가 5입니다.
따라서 1793년의 '두 번째 글자'는

"

72

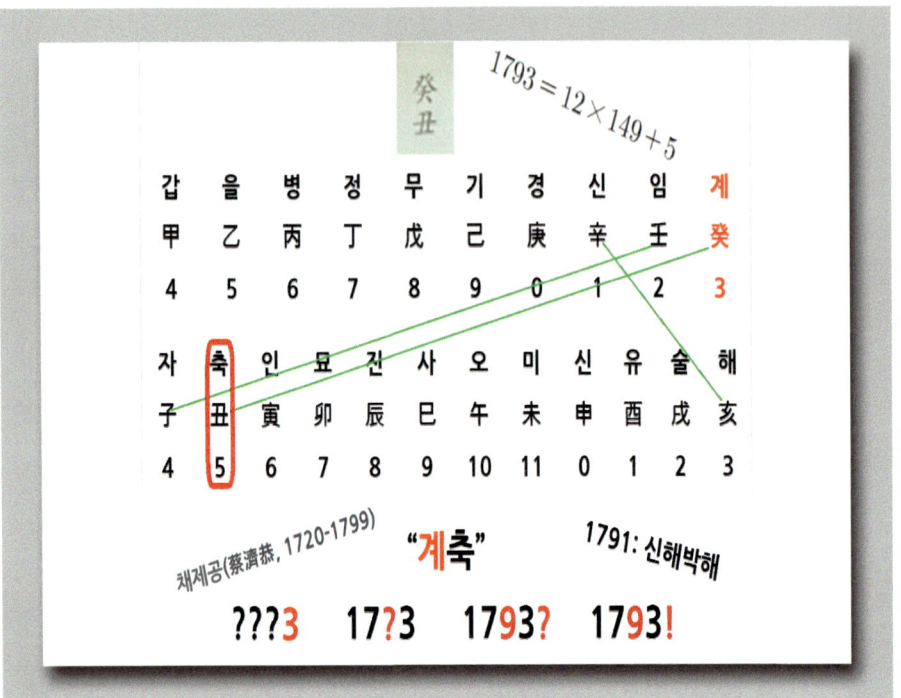

"

'축'입니다.

"

73

"

수원유수 채제공이 수문규칙을 게시한 날은
'1793년 6월 1일'입니다.
화성을 순례하다가 기회를 만들어 수학을 해 보세요.
순례가 더 풍성해집니다.

"

74

수(數)의 편리함

1948년: **단군기원** 사용
1961년: **서력기원** 사용

서기 1948년 = 단기 4281년

"

해를 표시할 때에 수를 사용하면 많이 편리하다는 것을 알 수 있죠?
한국은 1948년에 정식으로 해를 수로 나타냈습니다.
그때는 단군기원이었습니다.
한국은 1961년에 이르러 서력기원을 사용하기 시작하였습니다.

"

75

"

"

76

신풍루사미도(新風樓賜米圖)

"

정조는 화성 행궁에 있는 신풍루 앞에서 백성들에게 쌀을 하사하기도 했고,

"

77

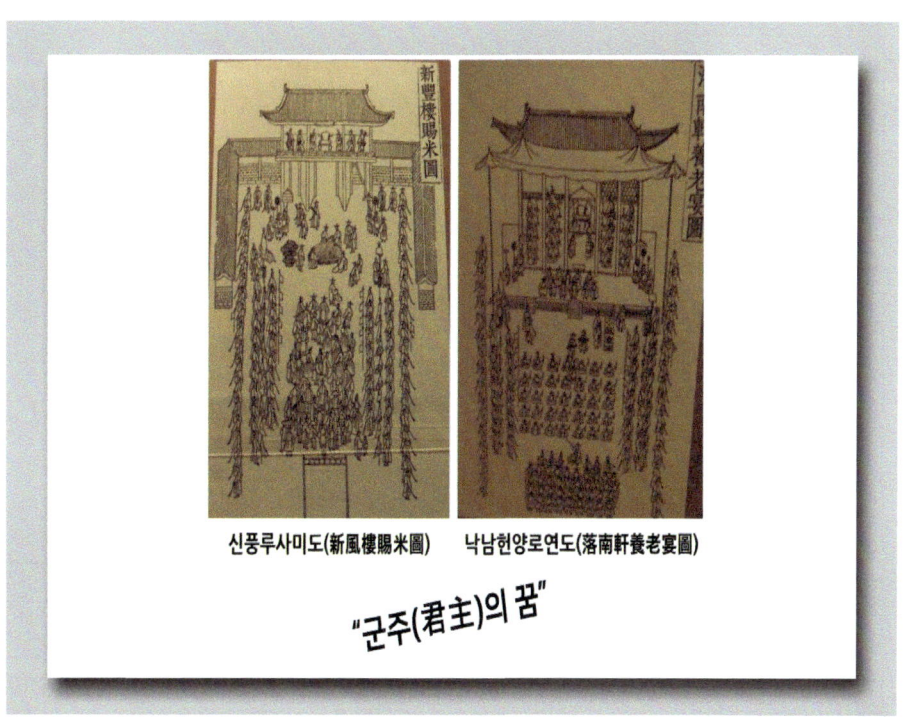

"

연로한 어른들을 낙남헌에 초청하여 연회를 베풀기도 하며
백성들이 잘 살기를 소망하였습니다.
이 역시 화성에 서려 있는 군주의 꿈이었습니다.
그런데 '군주의 꿈'이 서린 수원화성은

"

78

"

1866년 병인박해 때에는 순교의 현장이었습니다.

"

79

"

방화수류정 가까운 곳에

"

80

동북포루

"

동북포루가 있습니다.
(아래에 있는 화살표가 가리키는 곳을 가리키며)
여기입니다.

"

81

"
용연 등에 사람이 많이 모여 있을 때,
동북포루의 문을 활짝 열고 거기서
기독 신앙인들을 죽였습니다.
백성을 잘 살게 하려던 왕의 꿈이 서려 있는 곳이
백성을, 그렇게 착한 백성을
죽이는 곳이 된 것입니다.
하나님의 백성들이
조롱거리, 노랫거리가 되었습니다.
"

82

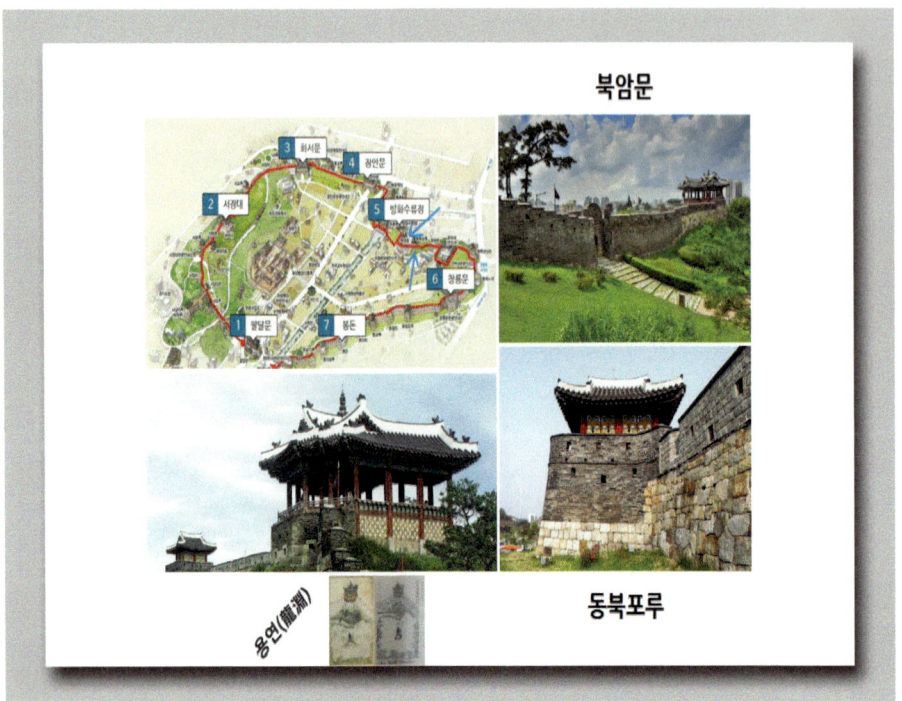

"

참수된 신자들의 시신은
(해당 그림을 가리키며)
이곳 북암문을 통해 버려졌습니다.
(위에 있는 화살표가 가리키는 곳을 가리키며)
여기입니다.

"

83

"

(화살표를 가리키며)
동북포루와 북암문의 위치입니다.

"

84

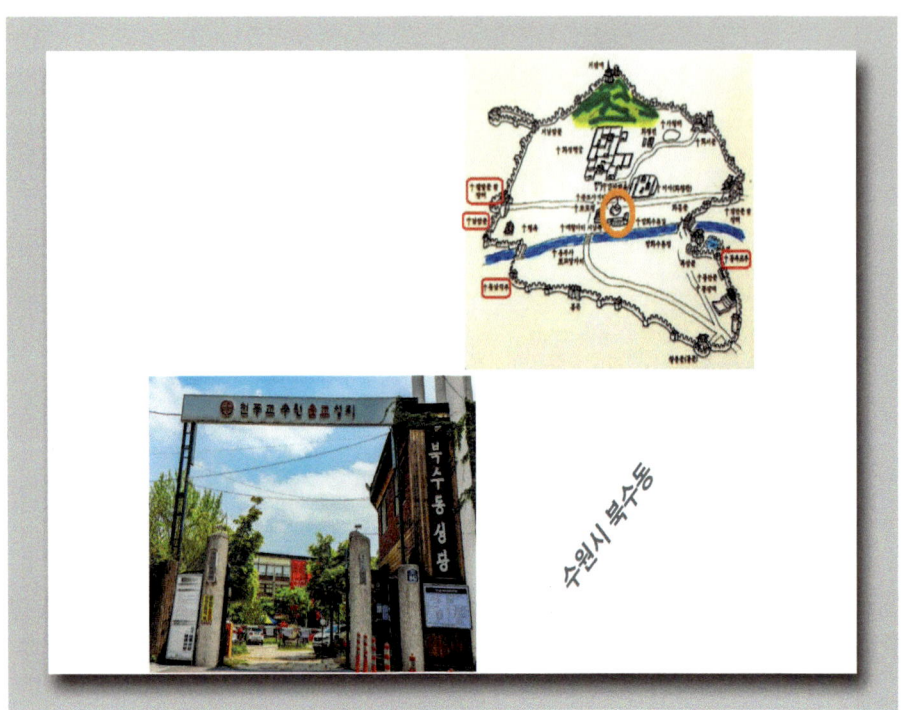

"

화성 안 한복판,
행궁 건너편에 성당이 있습니다.
북수동 성당입니다.

"

85

"

성지입니다.
신자들의 목을 졸라 죽이는 '형구돌'이 있네요.

"

86

폴리(Polly, Jean Marie Désiré Jean Baptiste)

"

이곳에 성당을 건립한 폴리 신부는
파리외방선교회에서 파송된 사람이었습니다.
조선에서 순교한 프랑스 신부 12명 모두가
파리외방선교회 소속이었습니다.
'선교지로의 출발은 돌아온다는 생각을 갖지 않는 것'
그들의 전통입니다.
박해기간에 선교사들은 칼로 죽임을 당했는데

"

87

"

한국 전쟁 중에 폴리 신부는 총으로 죽임을 당했습니다.

"

88

"

"

89

북 이스라엘 멸망: 722 BC
남 유다 멸망: 586 BC

이는 그들이 자기나 너희나 너희 열조의 *알지 못하는*
*다른 신들*에게 나아가 분향하여 섬겨서
나의 노를 격동한 악행을 인함이라
(예레미야44:3)

베르디(G. Verdi, 1813-1901)
〈나부코 Nabucco〉
"Nabucodonosor"

"
기원전 6세기,
남 유다가 망함으로 히브리인들은
노예가 되어 바빌론에 끌려갔습니다.
성경은 '알지 못하는 다른 신들에게 나아가'
나라가 망했다고 합니다.
이탈리아 음악가 베르디는
〈나부코〉라는 오페라를 작곡했습니다.
'나부코'는 '나부코도노조르' 즉
"

90

> 북 이스라엘 멸망: 722 BC
> 남 유다 멸망: 586 BC
>
> 이는 그들이 자기나 너희나 너희 열조의 알지 못하는
> 다른 신들에게 나아가 분향하여 섬겨서
> 나의 노를 격동한 악행을 인함이라
> *(예레미야44:3)*
>
> **느부갓네살(Nebuchadnezzar)**
>
> 베르디(G. Verdi, 1813-1901)
> 〈나부코 Nabucco〉
> "Nabucodonosor"

"

'느부갓네살'입니다.
남유다를 멸망시킨 바벨론 왕의 이름입니다.

"

91

> 내 마음아 황금빛 날개로
> 언덕위에 날아가 앉아라
> 아름답고 정다운 내 고향
> 산들바람 불어주는 내 고향
> 요단강 강물에 인사하고
> 시온성 무너진 탑을 보라
> 오 내 조국 빼앗긴 내 조국
> 내 마음 속에 사무치네
> …
>
> 〈히브리 노예들의 합창〉

"

오페라 〈나부코〉에는
〈히브리 노예들의 합창〉이 있습니다.
(가사를 가리키며)
가사 첫 부분이 이렇습니다.

"

92

내 마음아 황금빛 날개로
언덕위에 날아가 앉아라
아름답고 정다운 내 고향
산들바람 불어주는 내 고향
요단강 강물에 인사하고
시온성 무너진 탑을 보라
오 내 조국 빼앗긴 내 조국
내 마음 속에 사무치네
…

〈히브리 노예들의 합창〉

"

훼파되었을 옛 고향과 조국을 그리워합니다.

"

93

내 마음아 황금빛 날개로
언덕위에 날아가 앉아라
아름답고 정다운 내 고향
산들바람 불어주는 내 고향
요단강 강물에 인사하고
시온성 무너진 탑을 보라
오 내 조국 빼앗긴 내 조국
내 마음 속에 사무치네
...

〈히브리 노예들의 합창〉

"

노래 앞부분만 잠시 들어봅시다.
(노래 약 30초)

"

94

> 조선의 멸망
> 일제 강점기

"

조선은 멸망하여 일본의 '식민지'가 되었습니다.

"

95

"

화성은 방치되고 무너져 갔습니다.

"

96

"

화성은 철저히 파괴되었습니다.

"

97

"

'돌 하나도 돌 위에 남지 않았다'는 말이 과장일까요?

"

98

"

시인 최순애는

"

99

최순애(1914-1998)

수원시 북수동

"

화홍문이 있는 수원 북수동에 살았습니다.

"

100

최순애(1914-1998)

오빠 생각

뜸북 뜸북 뜸북새 논에서 울고
뻐꾹 뻐꾹 뻐꾹새 숲에서 울 제
우리 오빠 말타고 서울 가시면
비단구두 사가지고 오신다더니

기럭 기럭 기러기 북에서 오고
귀뚤 귀뚤 귀뚜라미 슬피 울건만
서울 가신 오빠는 소식도 없고
나뭇잎만 우수수 떨어집니다

수원시 북수동

"

〈오빠 생각〉은 최순애가
화홍문 근방 어딘가에 앉아
서울 간 오빠를 그리워하는 시일 것입니다.

"

101

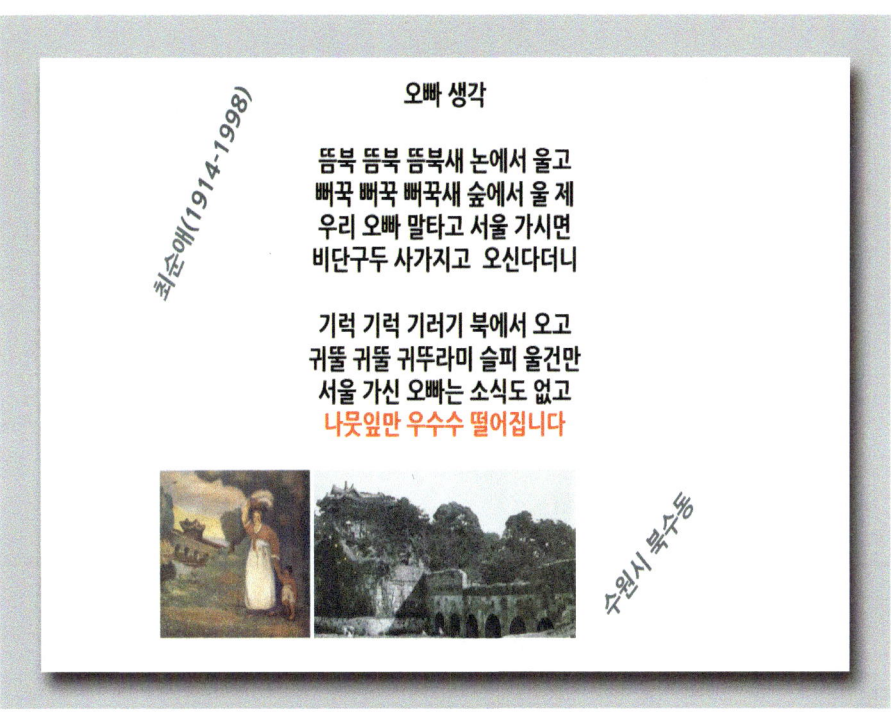

"

요즈음처럼 '나뭇잎만 우수수 떨어'지는 때였나 봅니다.
나혜석의 그림에 그려진 화홍문은 훗날 사라졌습니다.
〈오빠 생각〉은 오빠를 그리워하는 12살 소녀의 시이지만
쇠락해가는 화성에 대한 슬픔도
이 노래에 배어있는 것 같아요.

"

102

박정희(1917-1979)   정조
                    1794년 - 1796년

1975년 - 1979년

1979년 10월27일
준공기념식 예정

1979년 10월26일: '10.26사태'

"

1970년대 후반,
박정희 전 대통령은 화성을 복구하였습니다.
약 200년 전 정조가 꿨던 꿈을 박정희도 다시 꿨을 것입니다.
화성의 복구를 통해 나라 분위기를 밝게 바꾸고 싶었을 것입니다.
그러나 박정희는 준공기념식이 예정된 날의 전날 밤에 죽었습니다.
'10.26사태'입니다.
화성에 또 하나의 아픈 역사가 스미게 된 것입니다.

"

103

"

무너져 사라졌던 화홍문이 복구된 모습입니다.
평온하고 예쁘죠?
화홍문의 과거를 기억하니 더 애틋합니다.
화성 성곽을 따라 걷다 보면

"

104

"

예쁜 문양이 있습니다.

"

105

"

여러 종류의 문양이 있습니다.

"

106

"

수학은 이 우주에 존재할 수 있는 띠 문양은
일곱 가지뿐이라고 알려줍니다.
그 일곱 가지 띠 문양 전부를
화성에서 찾을 수 있을 것 같습니다.

"

107

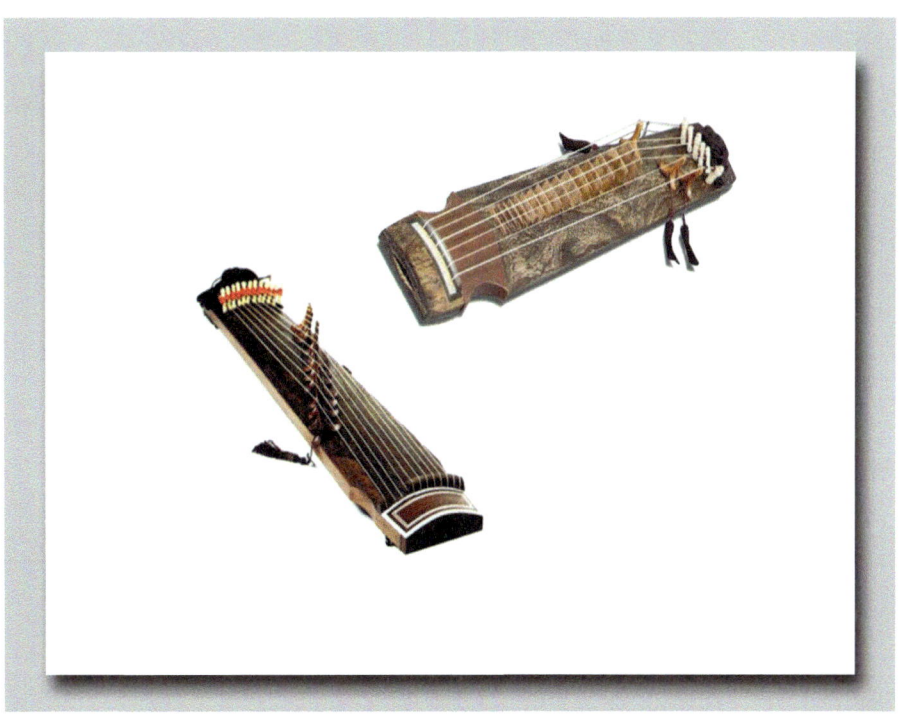

"

이들 띠 문양 모두를
수학의 도움을 받아
이 민족의 한이 서린 거문고와 가야금의 음악으로
들으면 어떨까요?

"

108

"

음악의 제목은 〈화성의 꿈〉입니다.
제가 기획하고 설계했으며
서울대학교 정대석 교수가 작곡하였습니다.
전에 잠시 들은 바가 있습니다.
(음악 약 30초)
230년 전의
'군주의 꿈'이 느껴지나요?

"

참고문헌

신현용(2018). **수학: 학제적 대화코드**, 매디자인.

신현용(2019-2022). **수학 산책**, **한국수학교육학화 뉴스레터**, 35권 3호 통권 181호~

제38권 제3호 통권 200호, 한국수학교육학회.

신현용(2020). **심포니아 마테마티카**, 매디자인.

신현용(2023). **수학**,, 매디자인.

신현용·신혜선·나준영·신기철(2014). **수학 IN 음악**, 교우사.

신현용·유익승·문태선·신기철·신실라(2015). **수학 IN 디자인**, 교우사.

* 저자와 출판사는 이 책에 사용된 사진 중 일부의 저작권자를 찾지 못하였습니다. 저작권자를 찾으면 사진의 사용 허가에 관하여 논의하겠습니다.

예루살렘과 아테네의 대화 Ⅵ

2023년 8월 31일 초판 인쇄
2023년 8월 31일 초판 발행

지은이 신현용
펴낸이 신실라
편집자 신실라

펴낸곳 매디자인
주소 충청북도 청주시 흥덕구 오송읍 오송생명1로 152, 802-2401
전화 010-8448-1929
이메일 mathesign@naver.com
홈페이지 mathesign.com
등록 2016. 06. 17 제2016-000025호

ⓒ 2023. 매디자인
이 책의 무단전재와 무단복제를 금합니다.

979-11-969776-8-9
값 30,000원